EINFACH LEBEN 3

Katholische Religionslehre

Handreichungen für den Unterricht

Herausgeber:
Gerald Mackenrodt
Reinhard Schlereth

Erarbeitet von:
Johannes Michalski
Reinhard Schlereth

Unter Verwendung von Beiträgen von:
Dr. Wolfgang Rieß

Ernst Klett Verlag
Stuttgart Leipzig

Inhaltsverzeichnis

Vorwort oder „Einfach Lesen"

Aufbau des Schulbuchs

Das Schulbuch folgt in der Kapitelaufteilung den Standards der Kompetenzerwartungen des LehrplanPLUS für das Fach Katholische Religionslehre. Jedes Kapitel deckt einen inhaltlichen Bereich vollständig ab. Dabei folgen sie einem einfachen Gliederungsprinzip: Jedes Kapitel beginnt mit einer Auftaktseite, die mit einem Impuls (Bild oder Bild und Text) in den Lernbereich einführt. Das Vorwissen der Schülerinnen und Schüler wird aktiviert und der Gegenstand des Kapitels wird in den Blick genommen. Die darauffolgenden Doppelseiten erschließen die im Lehrplan vorgegebenen Kompetenzerwartungen. Gleichzeitig werden mithilfe der Materialien und Aufgaben die inhaltlichen Kompetenzen gefördert. Am Ende jedes Kapitels befindet sich abschließend eine Seite („Wie kompetent bist du schon?"), mit deren Hilfe sich die Schülerinnen und Schüler einen Überblick über ihren Lernstand machen können.

Aufbau der Handreichungen für den Unterricht

Dem Aufbau des Schulbuchs folgend beinhalten die Handreichungen für den Unterricht konkrete und praktische Hilfen für das alltägliche Unterrichten. Für die einzelnen Doppelseiten des Schulbuchs werden Unterrichtssequenzen vorgestellt, mit deren Hilfe das Schulbuch variabel und methodisch abwechslungsreich im Unterricht eingesetzt werden kann. Zusätzlich zu den im Buch enthaltenen Materialien werden daher noch weitere angeboten: Arbeitsblätter für die Hand der Schülerinnen und Schüler, Lieder, Texte, Bildvorschläge usw., die in den Unterricht eingebunden werden können. Diese zusätzlichen Materialien sind jeweils den konkreten Unterrichtssequenzen zugeordnet, in denen sie eingesetzt werden können.

Umgang mit den Unterrichtssequenzen der Handreichungen für den Unterricht

Unsere Unterrichtsentwürfe verstehen wir als Vorschläge, mit denen wir Lehrerinnen und Lehrern die Arbeit erleichtern möchten. Dabei handelt es sich immer um Angebote, die in keiner Weise gängeln wollen. Unterrichten ist ein kreativer Akt und immer auch „Geschmackssache": Was einer Lehrkraft ideal erscheint, geht für eine andere „so gar nicht". Es soll sich damit jeder frei fühlen, die vorgestellten Unterrichtsverläufe abzuändern und seiner Lerngruppe und seinem Unterricht anzupassen.

Mit Unterrichtsmaterialien kann man „spielen": Manche eignen sich besonders für den Stundenbeginn, können aber auch in anderen Phasen der Unterrichtsstun-

de eingesetzt werden. Die vorgelegten Materialien des Schulbuchs und der Handreichungen für den Unterricht können also auch als „Steinbruch" genutzt und in einen anderen Zusammenhang als den von uns vorgeschlagenen gestellt werden. Letztlich entscheidet immer jede Lehrkraft selbst, was für ihren Unterricht am besten an welcher Stelle passt. Daher sollte sich niemand scheuen, aus den vorliegenden „Bausteinen" auch individuelle Unterrichtsstunden zu gestalten.

Umgang mit einzelnen Materialien, Aufgaben etc.

An verschiedenen Stellen des Schulbuchs werden die Schülerinnen und Schüler dazu aufgefordert, Texte in der Bibel oder dem Gotteslob nachzulesen. Es sollte deshalb immer ein Klassensatz dieser Bücher griffbereit sein. Ist das nicht möglich, sollte die Lehrkraft bei der Vorbereitung darauf achten, ob ggf. Bibeln oder Gotteslobe in die nächste Stunde mitgebracht werden müssen.

Bei der Bearbeitung der Seite „Wie kompetent bist du schon?" kann unterschiedlich vorgegangen werden: Die Schülerinnen und Schüler bearbeiten die Aufgaben weitgehend in Einzelarbeit selbstständig, um individuell ihren Kompetenzstand zu ermitteln. Eine andere Möglichkeit besteht darin, dass die Schülerinnen und Schüler die Aufgaben untereinander verteilen und sie in Gruppen bearbeiten. Anschließend stellen die verschiedenen Gruppen ihre Ergebnisse vor. In dieser Form trägt jeder gemäß seinem Kompetenzstand einen Beitrag zum Gesamtergebnis bei und erkennt so in der Zusammenarbeit, wie weit sein Kompetenzzuwachs vorangeschritten ist.

Welche Kompetenzerwartungen mit den vorliegenden Materialien und Aufgaben gefördert werden können, wird in den Handreichungen für den Unterricht zu Beginn jeder Unterrichtssequenz vorangestellt.

Anmerkung zur Differenzierung

Im Religionsunterricht unterscheiden sich die Leistungsfähigkeit und die Leistungsbereitschaft unserer Schüler ebenso wie das Arbeitstempo, die Lernwege, das Interesse und auch das Vorwissen.

Wir halten es im Religionsunterricht nicht für angebracht, die Arbeitsaufträge im Schulbuch verschieden zu markieren und dadurch Abstufungen vorzunehmen. Wir glauben, dass dies auf Dauer zu negativen Erfahrungen bei schwächeren Schülerinnen und Schülern führen würde: Welche Gedanken kommen einem Schüler, der z. B. nur die blauen (einfachen) Aufgaben lösen darf?

Was kann dies bei ihm auslösen? Deshalb sind die Aufgabenstellungen in der Regel so gestaltet, dass die Schülerinnen und Schüler sie auf ihrem jeweiligen Niveau bearbeiten können. Dabei gilt, dass die Aufgaben in ihrer Reihenfolge an Komplexität zunehmen und von Reproduktion von Wissen und Kenntnissen (AFB 1) über Reorganisation und Transfer (AFB 2) bis zu selbstständigem Urteilen, Bewerten und Entwickeln von Problemlösungen (AFB 3) reichen. Nicht immer werden alle Anforderungsbereiche in ihrer gesamten Bandbreite abgedeckt. Welches Niveau eine Aufgabe hat und welche Kompetenzen damit erarbeitet werden, lässt sich aus den Operatoren herleiten.

Für die verschiedenen Anforderungen halten wir andere Differenzierungsmöglichkeiten als besser geeignet zur unterrichtlichen Umsetzung. Die Aufgaben können von der Lehrkraft z.B. je nach Schwierigkeit den Schülerinnen und Schülern zugeteilt werden. Da jede Lehrkraft ihre Schüler am besten kennt, weiß sie, welche Aufgabenstellung jeweils für wen die passende ist. Oder schwächere und stärkere Schülerinnen und Schüler bilden bei Partner- oder Gruppenarbeiten miteinander ein Team und profitieren so voneinander. Die stärkeren können als feste Ansprechpartner für die schwächeren zur Verfügung stehen, an die sie sich bei Fragen wenden können. Sind einige Schülerinnen und Schüler schneller als andere fertig, können sie zusätzliche Rechercheaufträge oder kreative Aufgaben erhalten. Die Religionsdidaktik bietet in dieser Hinsicht genügend Anregungen.

Denn bei allen Möglichkeiten, die ein Buch bietet, ist uns bewusst: Jeder Unterricht „steht und fällt mit der Lehrkraft". Daher hoffen wir, dass diese Handreichungen für den Unterricht für Sie eine hilfreiche Unterstützung ist.

Wir wünschen viel Freude und gutes Gelingen!

1. Mensch

Inhaltsbezogene Kompetenzen des Kapitels

Die Schülerinnen und Schüler können beschreiben, in welchen Situationen sich Fragen nach dem Menschsein, dem Sinn des Lebens und der eigenen Identität stellen. Sie können Aspekte des christlichen Menschenbildes erläutern. Sie können Perspektiven für die Lebensgestaltung entwickeln, die sich aus dem christlichen Menschenbild ergeben.

Mensch (Sb S.7)

Inhaltsbezogene Kompetenzen

Die Schülerinnen und Schüler können eigene Begabungen und Fähigkeiten mit der Frage nach einer sinnvollen Lebensgestaltung in Beziehung setzen (z. B. Freundschaft und Partnerschaft, Liebe und Sexualität, Ehe und Familie, Beruf und Ehrenamt, Erholung und Freizeit).

Vorbereitung

L besorgt den Song „Mensch" von Herbert Grönemeyer.

Motivation

L blendet „Der Wanderer über dem Nebelmeer" von Caspar David Friedrich (Sb S.7) mit DUA/auf Folie ein.
SuS betrachten und beschreiben das Bild. (A1)
L gibt ggf. Informationen zum Bild bzw. zum Künstler.

Erarbeitung

L: *Mensch – wie geht Leben? – Wie kann Leben gelingen? Erörtert in einem Kugellagergespräch erste Antworten auf diese Fragen. (A2)*
L: *Setze das Bild in Beziehung zu den Fragen aus Aufgabe 2. (A3)*

Vertiefung

L spielt den Song „Mensch" von Herbert Grönemeyer ein.
L verteilt den Songtext (M1).
L: *Unterstreiche im Text, was für dich zutrifft und markiere mit Fragezeichen, was dir fraglich erscheint.*
SuS tauschen sich darüber aus.

Ausklang

L spielt den Song „Mensch" von Herbert Grönemeyer noch einmal ein.

Material 1

Herbert Grönemeyer: Mensch

Momentan ist richtig
Momentan ist gut
Nichts ist wirklich wichtig
Nach der Ebbe kommt die Flut
Am Strand des Lebens
Ohne Grund, ohne Verstand
Ist nichts vergebens
Ich bau' die Träume auf den Sand

Und es ist, es ist ok
Alles auf dem Weg
Und es ist Sonnenzeit
Unbeschwert und frei

Und der Mensch heißt Mensch
Weil er vergisst
Weil er verdrängt
Und weil er schwärmt und stillt
Weil er wärmt, wenn er erzählt

Und weil er lacht
Weil er lebt
Du fehlst

Das Firmament hat geöffnet
Wolkenlos und ozeanblau
Telefon, Gas, Elektrik
Unbezahlt, und das geht auch
Teil' mit mir deinen Frieden
Wenn auch nur geborgt
Ich will nicht deine Liebe
Ich will nur dein Wort

Und es ist, es ist ok
Alles auf dem Weg
Und es ist Sonnenzeit
Ungetrübt und leicht

Und der Mensch heißt Mensch
Weil er irrt und weil er kämpft
Und weil er hofft und liebt
Weil er mitfühlt und vergibt
Und weil er lacht

Und weil er lebt
Du fehlst
Oh, weil er lacht
Weil er lebt
Du fehlst

Es ist ok
Alles auf dem Weg
Und es ist Sonnenzeit
Ungetrübt und leicht

Und der Mensch heißt Mensch
Weil er vergisst
Weil er verdrängt
Und weil er schwärmt und glaubt
Sich anlehnt und vertraut

Und weil er lacht
Und weil er lebt
Du fehlst

Oh, es ist schon ok
Es tut gleichmäßig weh
Es ist Sonnenzeit
Ohne Plan, ohne Geleit

Der Mensch heißt Mensch
Weil er erinnert, weil er kämpft
Und weil er hofft und liebt
Weil er mitfühlt und vergibt

Und weil er lacht
Und weil er lebt
Du fehlst
Oh, weil er lacht
Und weil er lebt
Du fehlst

Oh, oh
Oh, la la la la
Es ist schon ok
Schalala, lolo
Oh lo lo lo
Du fehlst, du fehlst

Was kann ich gut? – Wo bringe ich das ein? (Sb S.8/9)

Inhaltsbezogene Kompetenzen

Die Schülerinnen und Schüler können eigene Begabungen und Fähigkeiten mit der Frage nach einer sinnvollen Lebensgestaltung in Beziehung setzen (z.B. Freundschaft und Partnerschaft, Liebe und Sexualität, Ehe und Familie, Beruf und Ehrenamt, Erholung und Freizeit).

Vorbereitung

L besorgt meditative Musik.
L hält das Bild „Sinnende" von Gabriele Münter bereit.
L verteilt die Texte (Sb S.8) an zwei Schülerinnen und einen Schüler.
L bereitet Spruchkarte/Plakat vor (M1).

Motivation

L schreibt an TA/WB: Was kann ich gut? Wo bringe ich das ein?
L: Jugendliche geben darauf ganz unterschiedliche Antworten.
Drei SuS tragen die Texte (Sb S.8) vor.
SuS hören zu und äußern sich spontan dazu.

Hinführung

L blendet das Bild „Sinnende" von Gabriele Münter mit DUA/auf Folie ein.
L: *Betrachte und beschreibe das Bild. Nimm dann die Haltung der Frau ein und besinne dich, was du gut kannst.*

Erarbeitung

L verteilt AB „Was kannst du gut – Wo bringst du das ein?" (KV 1)
L: *Gehe in Gedanken deine letzten 14 Tage einmal durch und beantworte die folgenden Fragen: Wo hast du deine Begabungen und Fähigkeiten eingebracht? Waren das für dich sinnvolle Tätigkeiten? Erfüllt dich das? – Wo siehst du Möglichkeiten und Aufgaben, bei denen du deine Fähigkeiten und Begabungen so einsetzen kannst, dass sie dich erfüllen? (A1)*
L spielt meditative Musik ein.
L: *Entwirf ein Gedicht über dich wie in Sb S.9. Die Strophen können wie hier z.B. mit „Ich kann ... /ich bin ... /ich kenne mich aus ..." beginnen und damit deine besonderen Talente beschreiben. Beschließe das Gedicht mit einer letzten Strophe, die eine Zusammenfassung deiner wichtigsten Charakterzüge beinhaltet.*
SuS tragen ihre Ergebnisse vor und sprechen darüber.

Vertiefung

L hängt das vorbereitete Plakat an TA.
L: *Die Welt lebt von Menschen, die mehr tun als ihre Pflicht. Sammelt Beispiele in der Gruppe und nehmt dazu Stellung. (A3)*
SuS tauschen sich darüber aus.

Material 1

Die Welt lebt von Menschen, die mehr tun als ihre Pflicht.

Freundschaft und Partnerschaft (Sb S.10/11)

Inhaltsbezogene Kompetenzen

Die Schülerinnen und Schüler können eigene Begabungen und Fähigkeiten mit der Frage nach einer sinnvollen Lebensgestaltung in Beziehung setzen (z.B. Freundschaft und Partnerschaft, Liebe und Sexualität, Ehe und Familie, Beruf und Ehrenamt, Erholung und Freizeit).

Vorbereitung

L lässt den Text von Timo Koether (Sb S.10) auf Band sprechen.

Motivation

L schreibt an TA/WB: „Friends with benefits"
SuS äußern sich spontan dazu.
L spielt den Text von Timo Koether (Sb S.10) ein.
SuS hören zu und äußern sich spontan dazu.

Hinführung

L blendet das Foto von Olivia und Christian (Sb S.10) mit DUA/auf Folie ein.
L: *Bei der großen Mehrheit jedoch ist die Sehnsucht nach einer klassisch-romantischen Zweierbeziehung nach wie vor ungebrochen. Laut Umfragen träumen 70 Prozent der Jugendlichen sogar vom Heiraten. Ein Beispiel: Olivia und Christian.*
SuS lesen „Ein Beispiel: Olivia und Christian" (Sb S.10/11).

Erarbeitung

L: *Arbeite mithilfe des Textes und des Fotos heraus, was bei Olivia und Christian zu einer glücklichen und gelingenden Partnerschaft beigetragen hat. (A1)*

L: *Benenne, welche Begabungen und Fähigkeiten du in eine gelingende Partnerschaft einbringen kannst. Erkläre, inwiefern sich diese von einer reinen Freundschaft unterscheidet. (A2)*
SuS tragen ihre Ergebnisse vor.

Vertiefung

L: *Erstelle ein Akrostichon zum Thema „Partnerschaft" (vgl. Bild). Setzte dich dazu auch mit dem Thema „Verantwortung", auch in Bezug auf Sexualität, auseinander (vgl. S.52). (A3)*
SuS tauschen sich darüber aus.

Wertung

L: *„Freundschaft plus"? – Setzt euch in der Gruppe mit dem letzten Absatz aus dem Text von T.*
Koether auf S.10 auseinander. Berücksichtigt dabei die Ergebnisse aus Aufgabe 2 und 3. (A4)
Arbeitet heraus, welche Rolle ein persönlicher Glaube an Gott für eine gelingende Partnerschaft
haben kann und nehmt dazu Stellung. (A5)
SuS diskutieren über die unterschiedlichen Vorstellungen.

Füreinander da sein – Ehe und Familie (Sb S.12/13)

Inhaltsbezogene Kompetenzen

Die Schülerinnen und Schüler können eigene Begabungen und Fähigkeiten mit der Frage nach einer sinnvollen Lebensgestaltung in Beziehung setzen (z.B. Freundschaft und Partnerschaft, Liebe und Sexualität, Ehe und Familie, Beruf und Ehrenamt, Erholung und Freizeit).

Vorbereitung

L hält eine typische Hochzeitsmelodie bzw. ein Hochzeitslied bereit.

Motivation

L spielt eine typische Hochzeitsmelodie bzw. ein Hochzeitslied ein.
L schreibt an TA/WB: Heiraten?
SuS äußern sich spontan dazu.

Hinführung

L: *Bei dieser Frage gehen die Meinungen heute weit auseinander. In eurem Buch findet ihr verschiedene Beispiele.*
SuS lesen „Füreinander da sein" (Sb S.12).

Erarbeitung

L: *Braucht die Liebe die Ehe? Nimm Stellung dazu. (A1)*
L: *Sammelt in der Gruppe Argumente für und gegen die Frage aus Aufgabe 1. Zeigt die Konsequenzen auf. (A2)*
L: *Am Anfang einer Partnerschaft/Ehe steht oft die Verliebtheit. Erläutere, wie sich die Liebe im Laufe einer Partnerschaft/Ehe verändert. (A3)*
SuS tragen ihre Ergebnisse vor.

Vertiefung

L: *Familie gibt es heute in vielen Formen. Betrachtet die Bilder, lest den Text und tauscht euch über eure Erfahrungen aus. (A1)*
SuS tauschen sich darüber aus.

Transfer

L: *Ein 15-Jähriger sagte einmal: „Familie ist dort, wo man hin kann, wenn man etwas ausgefressen hat." Erkläre, was Familie für dich bedeutet. (A2)*
SuS diskutieren über die unterschiedlichen Vorstellungen.

Hausaufgabe

L: *Fragt einmal eure Großeltern, welche Bedeutung Ehe und Familie bei ihnen hatte. (A3)*

Beruf, Freizeit und Ehrenamt (Sb S.14/15)

Inhaltsbezogene Kompetenzen

Die Schülerinnen und Schüler können eigene Begabungen und Fähigkeiten mit der Frage nach einer sinnvollen Lebensgestaltung in Beziehung setzen (z.B. Freundschaft und Partnerschaft, Liebe und Sexualität, Ehe und Familie, Beruf und Ehrenamt, Erholung und Freizeit).

Vorbereitung

L hält Stellenangebote aus der Zeitung auf Folie/DUA bereit.

Anknüpfung/Hausaufgabe

L: *Ihr habt eure Großeltern gefragt, welche Bedeutung Ehe und Familie bei ihnen hatte.*
SuS berichten darüber, was sie erfahren haben und tauschen sich darüber aus.

Motivation

L blendet die Zeitungsannonce „Wir bieten einen Ausbildungsplatz" (Sb S.14) mit DUA/auf Folie ein.
SuS äußern sich spontan dazu.

Hinführung

L: *Manuel hat sich auf eine Stellenausschreibung beworben und eine Lehrstelle als Landschaftsgärtner erhalten. Leyla ist im zweiten Ausbildungsjahr zur Bäckerin. Sie berichten.*
SuS lesen die beiden Berichte. (Sb S.14/15).

Erarbeitung

L: *Prüfe, ob du für das Ausbildungsplatzangebot infrage kommst. (A1)*
L: *Diese Stellenanzeige ist etwas ungewöhnlich! Vergleiche die Anzeige mit dir bekannten Stellenangeboten (L blendet sie mit Folie/WB ein) und stelle die Unterschiede dar. Erläutere, auf welche du dich eher bewerben würdest. (A2)*
L: *Tauscht euch in der Gruppe über eure Vorstellungen von Beruf, Freizeit, Erholung und Ehrenamt aus. Vergleicht eure Einstellungen mit dem, was Manuel und Leyla dazu sagen. (A3)*
SuS tragen ihre Ergebnisse vor.

Vertiefung/Gestaltung

L: *Manuel und Leyla finden Sinn in Beruf und Ehrenamt. Erzähle und erläutere, was dir Erfüllung gibt. (A4)*
L: *Erkläre die Bedeutung der Illustration. Gestalte selbst ein Bild oder ein Symbol, das die Bedeutung des Ehrenamtes für dich darstellt. (A5)*
SuS tauschen sich darüber aus und stellen ihre Ergebnisse vor.

Mensch – was habe ich für Glück! (Sb S.16/17)

Inhaltsbezogene Kompetenzen

Die Schülerinnen und Schüler können Situationen beschreiben, in denen Grundfragen des Lebens aufbrechen. Sie können Erfahrungen von Glück und Leid mit Grundfragen des Lebens in Beziehung setzen und/oder Situationen von Glück und Leid als Erfahrungen charakterisieren, die Grundfragen des Lebens aufwerfen.

Vorbereitung

L sucht im Internet Fotos aus Baglan (Afghanistan).
L hält Landkarte bereit, mit der er den Weg von Baglan zum Schulort (über 6000 km) zeigen kann.

Motivation

L blendet Fotos aus Baglan (Afghanistan) mit DUA/auf Folie ein.
SuS beschreiben die Fotos und äußern sich spontan dazu.

Hinführung

L: *Die Stadt Baglan, die nicht unweit von Arefs Heimatort liegt, wurde in der Vergangenheit immer wieder Ziel von Bombenanschlägen der Taliban. „Wenn man in der Stadt zum Einkaufen war, haben auf dem Rückweg die Taliban gewartet. Wenn ihnen eine Jacke, die man gekauft hat, nicht gefiel, wurde man erschossen", berichtet der schüchtern wirkende 17-jährige Aref. Diese Worte bringt er mit einer seltsamen Ruhe über die Lippen, denn diese Szenarien, die für Unbeteiligte grausam klingen, gehören in Afghanistan zur Tagesordnung. Mehr über ihn und Ahmad und ihre Flucht erfährst du im Sb S.14/15.*
SuS lesen die beiden Berichte. (Sb S.14/15).

Erarbeitung

L: *Betrachte das Foto und vergleiche das Inventar mit deinem Zimmer. (A1)*
L: *Erkläre, was die Gründe für Arefs und Ahmads Flucht sein könnten. (A2)*
SuS tragen ihre Ergebnisse vor.

Vertiefung

L: *Zwei Jugendliche werden sich ihres Glückes bewusst. Arbeite heraus, welche Situationen gemeint sein könnten. (A3)*
L: *Dankbarkeit – ein Wegweiser zum Glück? Erkläre, was mit dieser Frage ausgedrückt werden soll. (A4)*
SuS tauschen sich darüber aus und stellen ihre Ergebnisse vor.

Transfer

L: *Erinnere dich an Ereignisse/Situationen, bei denen die Überschrift passt und erzähle sie. (A5)*
L: *Setzt euch in Partnerarbeit mit den Erfahrungen von Glück und Leid, die Aref und Ahmed machen, auseinander. Welche Fragen werden sich die beiden in ihrer derzeitigen Situation stellen? (A6)*
L: *Im Falle des Leids stellen sich viele Menschen die Frage: Warum gerade ich? Im Falle des Glücks hört man dagegen diese Frage selten. Erörtert in der Gruppe, woran dies liegen könnte. (A7)*

Ein Unfall – plötzlich ist alles anders (Sb S.18/19)

Inhaltsbezogene Kompetenzen

Die Schülerinnen und Schüler können Situationen beschreiben, in denen Grundfragen des Lebens aufbrechen. Sie können Erfahrungen von Glück und Leid mit Grundfragen des Lebens in Beziehung setzen und/oder Situationen von Glück und Leid als Erfahrungen charakterisieren, die Grundfragen des Lebens aufwerfen.

Vorbereitung

L liest den Anfang der Geschichte von Tisi (Sb S.18) ein paar Mal, sodass er sie in der Hinführung frei erzählen kann.

Einstimmung

L schreibt an TA: Ein Unfall
SuS zählen verschiedene Möglichkeiten auf.
L ergänzt an TA: – plötzlich ist alles anders
SuS äußern sich spontan dazu und stellen Vermutungen an.

Hinführung

L erzählt: *Ein warmer Sommerabend im August. Tisi ist 18 Jahre alt und hat gerade Ferien. Mit seinen Freunden zieht er durch die Münchner Kneipen. Sie trinken viel, feiern, noch einmal frei zu haben.*
Als Tisi die Bar am nächsten Morgen verlässt, ist es schon hell. […]
Auf dem Weg nach Hause rauscht Tisi der Restalkohol im Kopf. […] Tisi nimmt die Tram nach Hause, schläft ein. Es ist neun Uhr, vielleicht zehn, die Sonne scheint, Vögel zwitschern, als er aussteigt. Die Tramhaltestelle Schloss Nymphenburg liegt direkt an der Ludwig-Ferdinand-Brücke. Tisi fallen Facebook-Fotos ein: Leute springen von einer Brücke in den Nymphenburger Schlosskanal.
Eigentlich könnte er da jetzt auch reinspringen. Ob er es macht, erfährst du in deinem Sb S.18/19.
SuS lesen die Geschichte weiter. (Sb S.18 f., ab Z. 15).

Erarbeitung

L: *Beschreibe das Foto und setze es in Beziehung zu Tisis Situation. (A1)*
L: *Was hilft Tisi? Erläutert anhand seines Beispiels, wie aus einem schweren Unglück dennoch ein Neuanfang erwachsen kann. (A2)*
SuS tragen ihre Ergebnisse vor.
L: *Viele Menschen stellen in Situationen wie der beschriebenen die Frage nach dem „Warum".*
Tisi stellt die nach dem „Wenn". Erläutert in der Gruppe den Unterschied und nehmt Stellung dazu. (A3)

Vertiefung

L: *„Mit meinem Gott überspringe ich Mauern" (Ps 22) – Was könnte der Psalmschreiber damit gemeint haben? (A4)*
L: *Viele Menschen, die in einer ähnlichen Situation wie Tisi sind, hadern mit Gott und fragen sich: „Warum hat Gott meinen Schicksalsschlag nicht verhindert? Warum lässt Gott ein solches Leid zu?" Erörtert diese Fragen in der Gruppe. (A5)*
L: *Es gibt noch andere Situationen, in denen sich Fragen nach dem Menschsein, dem Sinn des Lebens und der eigenen Identität stellen. Sammelt Beispiele in der Gruppe und setzt euch mit ihnen auseinander. (A6)*
SuS tauschen sich darüber aus und stellen ihre Ergebnisse vor.

Sicherung

SuS bearbeiten das AB „Ein Unfall – plötzlich ist alles anders" (KV 2) und vergleichen anschließend ihre Ergebnisse.

Leid – Liebeskummer (Sb S.20/21)

Inhaltsbezogene Kompetenzen

Die Schülerinnen und Schüler können Situationen beschreiben, in denen Grundfragen des Lebens aufbrechen. Sie können Erfahrungen von Glück und Leid mit Grundfragen des Lebens in Beziehung setzen und/oder Situationen von Glück und Leid als Erfahrungen charakterisieren, die Grundfragen des Lebens aufwerfen.

Vorbereitung

L hält Kärtchen bzw. Tonpapier für die Erstellung von Lesezeichen oder Plakaten bereit.

Motivation

L blendet „M-Möglicherweise" von Roy Lichtenstein (Sb S.20) ohne Sprechblasen mit DUA/auf Folie ein.
SuS beschreiben das Bild und stellen Vermutungen an.
L gibt ggf. Informationen zum Künstler (M1).
L legt leere Sprechblasen (M2) als Folien zum Bild.
SuS machen Vorschläge, was das Mädchen sagen bzw. denken könnte.
L notiert die Äußerungen in die Sprechblasen.

Hinführung

L: *Ihr habt Recht, das Mädchen könnte Liebeskummer haben. In Sb S.20/21 findet ihr eine Geschichte dazu von Mia, einem Mädchen in eurem Alter.*
SuS lesen die Geschichte.

Erarbeitung/Gestaltung

L: *Liebeskummer kann sehr schlimm sein. Erkläre dies mithilfe des Bildes „M-Möglicherweise" von Roy Lichtenstein sowie Mias Geschichte. (A1)*
L: *Tragt in der Gruppe (mithilfe von M3) zusammen, was jungen Menschen in solchen Situationen helfen kann. Gestaltet mit den hilfreichen Tipps Lesezeichen oder ein Plakat. (A2)*
SuS tragen ihre Ergebnisse vor.

Vertiefung

L: *Überlege, wie die Geschichte zwischen Mia und ihrem Freund weitergehen könnte. Schreibe den Text dann weiter. (A3)*
L: *Versetze dich in die Lage von Mias Freund. Schreibe eine E-Mail an einen Freund/eine Freundin, in der du seine Sicht der Dinge schilderst. (A4)*
SuS tauschen sich aus und stellen ihre Ergebnisse vor.

Transfer

L: *Wer unter Liebeskummer oder einer Trennung leidet, stellt sich Fragen nach dem Menschsein, dem Sinn des Lebens und der eigenen Identität. Erläutere. (A5)*
L: *Es gibt noch andere Situationen, in denen es Jugendlichen „dreckig" geht. Sammelt in der Gruppe Beispiele und entwickelt Perspektiven für die betroffenen Jugendlichen. (A6)*
L: *Wenn man schlimmen Kummer hat, tut es gut mit jemanden darüber zu reden. Überlegt, wer euch in einem solchen Fall helfen könnte.*
L blendet „Nummer gegen Kummer" (M3) als Folie ein.
L: *Manchmal kann auch ein Gespräch mit einer fremden Person hilfreich sein.*
SuS nehmen dazu Stellung.

Sicherung/Hausaufgabe

L: *Schreibe dir (von den Tipps aus M4) auf das AB „Leid – Liebeskummer" (KV 3), was dir im „Notfall" helfen kann.*

Material 1

Roy Lichtenstein – Informationen zum Künstler

Der amerikanische Pop-Art-Künstler Roy Lichtenstein wird am 27.10.1923 in New York geboren. Nach dem Studium und mehreren Tätigkeiten als Zeichenlehrer findet er um 1960 zu seiner ihm eigenen und unverwechselbaren Malweise. In Zeichnungen verwendet er Comic-Figuren. 1961 malt Roy Lichtenstein sechs großformatige Bilder nach Comicstrips und er übernimmt in seine Malerei auch die Rasterpunkte der Druckvorlage. Neben den Comicstrips dienen Lichtenstein als Vorlage und Ideenpool für seine Malerei auch Illustrationen oder Kleinanzeigen in Zeitungen und Zeitschriften. Die Alltagskultur bietet ihm das Rohmaterial, aus dem er auswählt. Später verwendet Roy Lichtenstein auch andere Kunstwerke, etwa Bilder von Cézanne, Matisse oder Mondrian, und übersetzt sie in seine charakteristische Malweise. Ab 1970 entwirft Roy Lichtenstein auch einige großformatige Wandgemälde. Ab 1990 entstehen zudem plastische Werke. Roy Lichtenstein, einer der wichtigsten Vertreter der Pop-Art, stirbt 1997 in New York.

Material 2

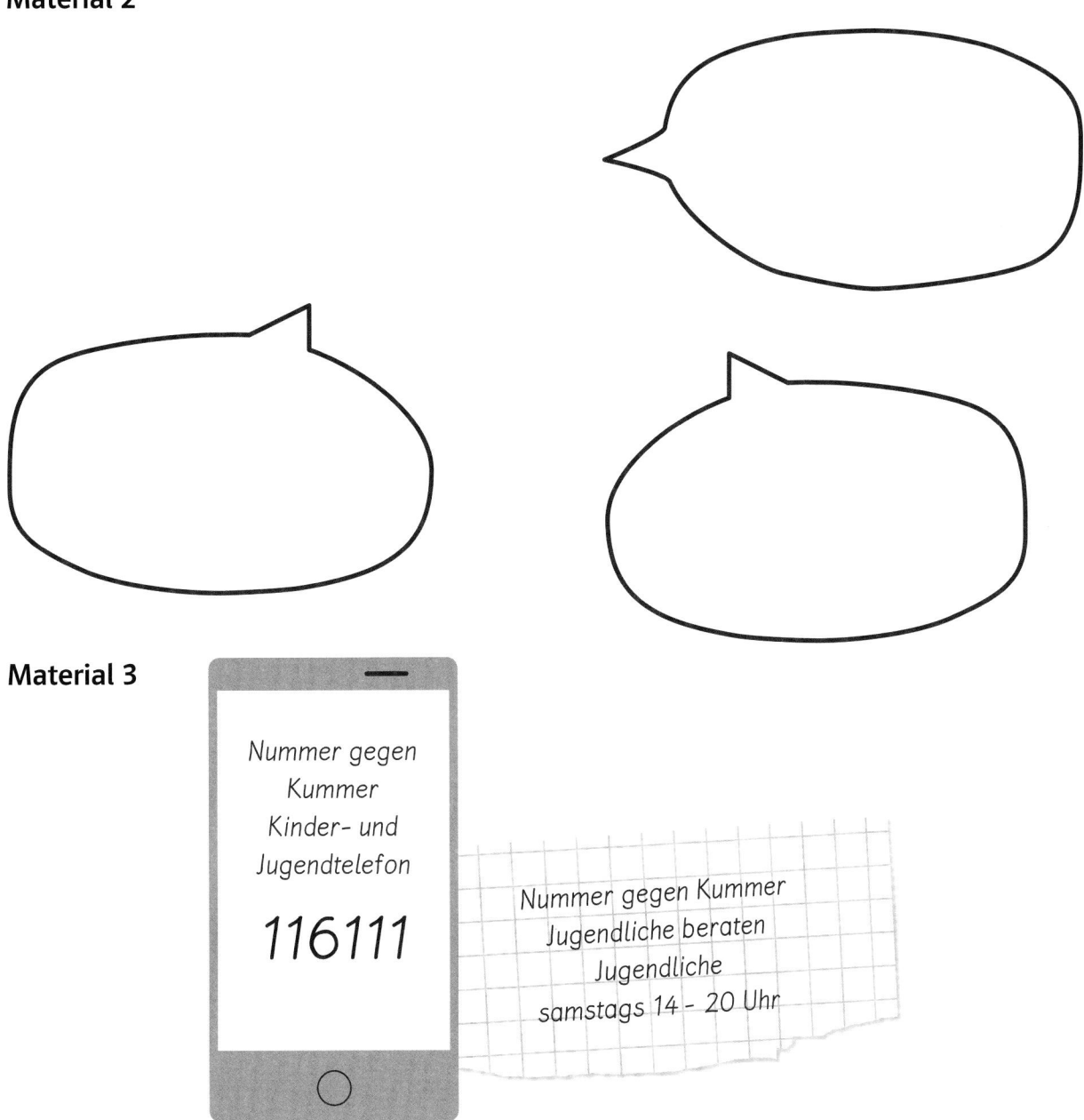

Material 3

Nummer gegen Kummer Kinder- und Jugendtelefon

116111

Nummer gegen Kummer Jugendliche beraten Jugendliche samstags 14 – 20 Uhr

Material 4

Tipps gegen Liebeskummer

Tipp 1: Gönn dir eine Trauerphase!
Bei Liebeskummer hilft es, wenn du dich erst mal richtig ausheulst und nicht alles in dich rein frisst. Wie lang diese Trauerphase anhält, ist bei jedem anders.

Tipp 2: Bleib mit deinem Kummer nicht allein!
Sich auszusprechen hilft immer weiter! Denn du weißt ja selbst: „Geteiltes Leid ist halbes Leid." Also such dir jemanden, dem du vertraust: Die beste Freundin oder den besten Freund, Mutter, Vater, Schwester, Bruder … Schäm dich nicht für deinen Liebeskummer. Denn Liebeskummer kennt jeder!

Tipp 3: Bete zu Gott!
Sage Gott, wie es dir geht. Bringe zum Ausdruck, was dich bedrückt, wie dir zumute ist. Gott hört dir zu. Beten kann ein Wundermittel sein.

Tipp 4: Lass deine Wut raus!
Wenn du wütend bist, dann schluck's nicht runter, sondern lass es raus!
Geh z.B. in den Wald und schrei dort, so laut du kannst, schlag mit einem Kissen gegen die Wand oder geh joggen und lauf dir deinen Frust weg! Wichtig ist, dass du deine Wut nicht gegen dich selbst richtest und dir nicht noch mehr wehtust.

Tipp 5: Mach, was dir gut tut!
Egal, ob du dir ein kuscheliges Schaumbad einlässt, mit deiner Katze schmust oder mit einer Freundin einen Stadtbummel machst …

Tipp 6: Trenn dich von Erinnerungen!
Seine Liebesbriefe, die Bilder von ihrer Geburtstagsfete, eure Lieblingsmusik, seine Nachrichten auf dem Handy, die Chat-Einträge, ihr T-Shirt in deinem Schrank … Weg damit! Denn solange du dich mit Erinnerungen umgibst, holt dich dein Liebeskummer immer wieder ein.

Glaube, Freiheit und Vergebung – Petrus, ein Vorbild!? (Sb S. 22/23)

Inhaltsbezogene Kompetenzen

Die Schülerinnen und Schüler können am Beispiel von Petrus zeigen oder darstellen, welche Bedeutung Glaube, Freiheit und Vergebung für den Menschen haben können.

Motivation

L blendet José Vela Zanetti, „Petrus im Gefängnis" (Sb S. 23) mit DUA/auf Folie ein.
SuS beschreiben das Bild und stellen Vermutungen an.

Hinführung

L trägt den ersten Absatz eines fiktiven Monologs von Petrus (Sb S. 22 vor): *„Ich sitze hier in Rom im Gefängnis. Es wird wohl nicht mehr lange dauern, bis sie mich hinrichten werden. Mein Gott, was hatte ich für ein Leben: Angefangen hat alles am Ufer des Sees Gennesaret. Mein Bruder Andreas und ich waren gerade dabei, unsere Fischernetze auszuwerfen. Da kam Er und sagte zu uns: ‚Kommt her, mir nach! Ich werde euch zu Menschenfischern machen.' Jesus hatte eine unglaubliche Ausstrahlung und Anziehungskraft. Wir schauten uns an, ließen die Netze fallen und gingen mit ihm."*
SuS lesen den fiktiven Monolog von Petrus (Sb S. 22) zu Ende.

Erarbeitung

L: *Petrus blickt auf sein Leben zurück. Er denkt an besondere Ereignisse. Stelle sie in eigenen Worten dar. (A1)*
L: *Analysiere die beiden Bilder: Eugene Delacroix „Christus schreitet über das Wasser" (S. 103) und „Petrus im Gefängnis" von José Vela Zanetti. Erläutere, worauf es den Künstlern ankommt. (A2)*
SuS tragen ihre Ergebnisse vor.

Vertiefung

L: *Lies Apg 4,1–22 und arbeite heraus, warum Petrus nicht schweigen kann über das, was er gesehen und gehört hat. (A3)*
L: *Zeige am Beispiel von Petrus auf, welche Konsequenzen Glaube, Freiheit und Vergebung für den Menschen haben können. (A4)*
SuS tauschen sich darüber aus und stellen ihre Ergebnisse vor.

Sicherung

SuS übertragen ihre Ergebnisse auf das AB „Glaube, Freiheit und Vergebung – Petrus, ein Vorbild?" (KV 4).

Glaube und Freiheit – Paulus (Sb S. 24/25)

Inhaltsbezogene Kompetenzen

Die Schülerinnen und Schüler können am Beispiel von Petrus oder Paulus darstellen, welche Bedeutung Glaube, Freiheit und Vergebung für den Menschen haben können.

Sie können an der Verkündigung und der Person des Paulus erläutern, welche Bedeutung Glaube und Freiheit für den Menschen haben können.

Vorbereitung

L hält Bibeln bereit.

Motivation

L blendet das Gemälde „Die Bekehrung des Paulus" von Caravaggio (Sb S. 24) mit DUA/auf Folie ein.

SuS beschreiben das Bild, bringen Vorwissen ein und stellen Vermutungen an.

Erarbeitung

L: *„Denn ihr habt ja gehört von meinem Leben früher im Judentum" – Beschreibe mithilfe des Bildes und von Apg 9,1–22 (M1), was Paulus damit meint. (A1)*

L: *Erkläre, was dieses Erlebnis für Paulus und seinen Glauben bedeutet. (A2)*

L: *Auf seinen Missionsreisen, die du aus den vorherigen Jahrgangsstufen kennst, ist Paulus auch immer in schwierige Situationen geraten. Stelle dar, wie der Glaube in solchen Lebenskrisen helfen kann.*

Vertiefung

L: *Beschreibe das Bild „Der Apostel Paulus" von Rembrandt (Sb S. 25). Stelle dar, was du aus den bisherigen Schuljahren über diesen Apostel und sein Leben erfahren hast. (A1)*

L: *Lies in der Bibel Gal 5,1–12 (M2). Kläre mithilfe deiner Recherche aus Aufgabe 1 oder der Lehrkraft, welche Bedeutung in dem Text die „Beschneidung" hat. Erläutere anhand der Texte, der Verkündigung und der Person des Paulus, welche Bedeutung Glaube und Freiheit für den Menschen haben können. (A2)*

SuS stellen ihre Ergebnisse vor und diskutieren über die Frage, welche Bedeutung Glaube und Freiheit für den Menschen haben können.

Sicherung

SuS ergänzen mithilfe von Sb S. 24/25 das AB „Glaube und Freiheit – Paulus" (KV 5; Lösung: KV 6).

Material 1

Die Bekehrung des Saulus (Apostelgeschichte 9,1–22)

[1] Saulus wütete noch immer mit Drohung und Mord gegen die Jünger des Herrn. Er ging zum Hohepriester [2] und erbat sich von ihm Briefe an die Synagogen in Damaskus, um die Anhänger des Weges Jesu, Männer und Frauen, die er dort finde, zu fesseln und nach Jerusalem zu bringen. [3] Unterwegs aber, als er sich bereits Damaskus näherte, geschah es, dass ihn plötzlich ein Licht vom Himmel umstrahlte. [4] Er stürzte zu Boden und hörte, wie eine Stimme zu ihm sagte: Saul, Saul, warum verfolgst du mich? [5] Er antwortete: Wer bist du, Herr? Dieser sagte: Ich bin Jesus, den du verfolgst. [6] Steh auf und geh in die Stadt; dort wird dir gesagt werden, was du tun sollst! [7] Die Männer aber, die mit ihm unterwegs waren, standen sprachlos da; sie hörten zwar die Stimme, sahen aber niemanden. [8] Saulus erhob sich vom Boden. Obwohl seine Augen offen waren, sah er nichts. Sie nahmen ihn bei der Hand und führten ihn nach Damaskus hinein. [9] Und er war drei Tage blind und er aß nicht und trank nicht. [10] In Damaskus lebte ein Jünger namens Hananias. Zu ihm sagte der Herr in einer Vision: Hananias! Er antwortete: Siehe, hier bin ich, Herr. [11] Der Herr sagte zu ihm: Steh auf und geh zu der Straße, die man Die Gerade nennt, und frag im Haus des Judas nach einem Mann namens Saulus aus Tarsus! Denn siehe, er betet [12] und hat in einer Vision gesehen, wie ein Mann namens Hananias hereinkommt und ihm die Hände auflegt, damit er wieder sieht. [13] Hananias antwortete: Herr, ich habe von vielen gehört, wie viel Böses dieser Mann deinen Heiligen in Jerusalem angetan hat. [14] Auch hier hat er Vollmacht von den Hohepriestern, alle zu fesseln, die deinen Namen anrufen. [15] Der Herr aber sprach zu ihm: Geh nur! Denn dieser Mann ist mir ein auserwähltes Werkzeug: Er soll meinen Namen vor Völker und Könige und die Söhne Israels tragen. [16] Denn ich werde ihm zeigen, wie viel er für meinen Namen leiden muss. [17] Da ging Hananias hin und trat in das Haus ein; er legte ihm die Hände auf und sagte: Bruder Saul, der Herr hat mich gesandt, Jesus, der dir auf dem Weg, den du gekommen bist, erschienen ist; du sollst wieder sehen und mit dem Heiligen Geist erfüllt werden. [18] Sofort fiel es wie Schuppen von seinen Augen und er sah wieder; er stand auf und ließ sich taufen. [19] Und nachdem er etwas gegessen hatte, kam er wieder zu Kräften. Einige Tage blieb er bei den Jüngern in Damaskus; [20] und sogleich verkündete er Jesus in den Synagogen: Dieser ist der Sohn Gottes. [21] Alle, die es hörten, waren fassungslos und sagten: Ist das nicht der Mann, der in Jerusalem alle vernichten wollte, die diesen Namen anrufen? Und ist er nicht auch hierhergekommen, um sie gefesselt vor die Hohepriester zu führen? [22] Saulus aber trat umso kraftvoller auf und brachte die Juden in Damaskus in Verwirrung, weil er ihnen darlegte, dass Jesus der Christus ist.

Material 2

Freiheit oder Knechtschaft (Galater 5,1–12)

[1] Zur Freiheit hat uns Christus befreit. Steht daher fest und lasst euch nicht wieder ein Joch der Knechtschaft auflegen! [2] Siehe, ich, Paulus, sage euch: Wenn ihr euch beschneiden lasst, wird Christus euch nichts nützen. [3] Ich bezeuge wiederum jedem Menschen, der sich beschneiden lässt: Er ist verpflichtet, das ganze Gesetz zu halten. [4] Ihr, die ihr durch das Gesetz gerecht werden wollt, seid von Christus getrennt; ihr seid aus der Gnade herausgefallen. [5] Denn wir erwarten im Geist aus dem Glauben die Hoffnung der Gerechtigkeit. [6] Denn in Christus Jesus vermag weder die Beschneidung noch die Unbeschnittenheit etwas, sondern der Glaube, der durch die Liebe wirkt. [7] Ihr lieft gut. Wer hat euch gehindert, weiter der Wahrheit zu folgen? [8] Was man auch gesagt hat, um euch zu überreden: Es kommt nicht von dem, der euch beruft. [9] Ein wenig Sauerteig durchsäuert den ganzen Teig. [10] Ich vertraue auf euch im Herrn, dass ihr nicht anders denken werdet. Wer euch verwirrt, wird das Urteil zu tragen haben, wer es auch sei. [11] Ich aber, Brüder und Schwestern, wenn ich noch die Beschneidung verkündete – warum werde ich dann verfolgt? Damit wäre ja das Ärgernis des Kreuzes beseitigt. [12] Diese Leute, die Unruhe bei euch stiften, sollen sich doch gleich entmannen lassen.

Ein Leben nach dem Tod? (Sb S.26/27)

Inhaltsbezogene Kompetenzen

Die Schülerinnen und Schüler können beschreiben, erläutern oder erklären, wie christliche Bilder von der Hoffnung auf ein Leben nach dem Tod heute verstanden werden können.

Vorbereitung

L hält verschiedene Bastelmaterialien für die Gestaltungsphase bereit.

Motivation

L schreibt an TA/WB: Ein Leben nach dem Tod?
SuS äußern sich spontan dazu.

Hinführung

L: *Was kommt nach dem Tod? Ist mit dem Tod alles aus? War es das? Oder kommt noch etwas? Aber was? Gibt es einen Übergang in eine andere Form von Leben? Gibt es wirklich ein „ewiges Leben"? Werden wir dann unsere verstorbenen Großeltern oder andere Menschen, die uns im Tod vorausgegangen sind, wieder sehen? Diese und ähnliche Fragen haben Menschen zu allen Zeiten bewegt. Und bisher konnte sie noch niemand beantworten, denn es kam ja noch keiner nach dem Tod zurück in unser Leben. Der Krankenhauspfarrer Klaus Hoof sagte etwas dazu in einem Vortrag.*
SuS lesen Auszüge. (Sb S.26/27).

Erarbeitung

L: *Gibt es ein Leben nach dem Tod? Erörtert diese uralte Frage in der Gruppe. (A1)*
L: *Beschreibe und deute die Skulptur des „Schutzmantelchristus" auf dem Foto. Setze sie dann in Beziehung zu dem „Segen für eine(n) Sterbende(n)". (A2)*
SuS tragen ihre Ergebnisse vor.

Transfer/Gestaltung

L: *Die christlichen Bilder machen Hoffnung auf ein Leben nach dem Tod. Wie sieht dein Bild der Hoffnung aus? Stelle es in der Gruppe vor. (A3)*
L: *Gestalte eines der Bilder als Collage, Bild, Skulptur … Stellt eure Ergebnisse in einem Gallery Walk aus. (A4)*
SuS tauschen sich darüber aus und stellen ihre Ergebnisse vor.

Vertiefung

L: *Und heute? Entwickle mithilfe der christlichen Bilder und euren eigenen Vorstellungen Perspektiven für die Lebensgestaltung. (A5)*
SuS stellen ihre Ergebnisse vor.

Vergebung und Versöhnung erfahren – aber wie? (Sb S.28/29)

Inhaltsbezogene Kompetenzen

Die Schülerinnen und Schüler können vor dem Hintergrund der Botschaft Jesu von der Barmherzigkeit Gottes Formen von Vergebung und Versöhnung aufzeigen, beschreiben oder erläutern (Mediation, Täter-Opfer-Ausgleich, Sakrament der Buße und Versöhnung).

Vorbereitung

L bereitet mit den „Fehlern" im Kästchen (Sb S.29) eine kleine PowerPoint-Präsentation vor.

Motivation

L blendet die vorbereitete PowerPoint-Präsentation ein. SuS äußern sich spontan dazu.

Hinführung

L: *Jeder kennt das dumme Gefühl, dass einen das, was man falsch gemacht hat, oft wie ein Schatten verfolgt. Wie gern hätte man diesen Schatten los. Aber wie? Die Schüler und Schülerinnen der 9. Klasse haben zu dieser Frage ihren Pfarrer in den Religionsunterricht eingeladen.*
SuS lesen das Gespräch (Sb S.28/29) mit verteilten Rollen.

Erarbeitung

L: *Betrachte das Foto und beschreibe mögliche Gefühle des Jugendlichen. (A1)*
L: *Jeder macht Fehler oder wird sogar schuldig. Manchmal kann man nur schwer in den Spiegel schauen. Zeige für die Beispiele im Kästchen oder eigene Beispiele verschiedene Möglichkeiten auf, Verantwortung für seine Schuld zu übernehmen und Versöhnung zu stiften. (A2)*
L: *Mediation, Täter-Opfer-Ausgleich sind Formen der Versöhnung und Vergebung, die Pfarrer Bayer aufzählt. Recherchiere im Internet, und erkläre, was diese Formen ausmacht und bewirken sollen. (A3)*
SuS tragen ihre Ergebnisse vor.

Vertiefung

L: *Erläutere vor dem Hintergrund der Botschaft Jesu von der Barmherzigkeit Gottes Formen von Vergebung und Versöhnung. (A4)*
SuS tragen ihre Ergebnisse vor.

Transfer

L: *Die Beichte, das Sakrament der Versöhnung, ist das eine wirkliche Chance, auch für uns heute? Erörtert diese Möglichkeit in der Gruppe und bezieht dazu Stellung. (A5)*
SuS tauschen sich darüber aus und nehmen dazu Stellung.

Sicherung

L: *Die Beichte, das Sakrament der Versöhnung, ist das eine wirkliche Chance, auch für uns heute?*
SuS ergänzen mithilfe des Sb S.28/29 das AB „Vergebung und Versöhnung erfahren – aber wie?" (KV 7; Lösung: KV 8).

Die Schuld zu Gott tragen – Bausteine für einen Bußgottesdienst (Sb S. 30/31)

Inhaltsbezogene Kompetenzen

Die Schülerinnen und Schüler können vor dem Hintergrund der Botschaft Jesu von der Barmherzigkeit Gottes Formen von Vergebung und Versöhnung aufzeigen, beschreiben oder erläutern (Mediation, Täter-Opfer-Ausgleich, Sakrament der Buße und Versöhnung).

Vorbereitung

L hält einen Korb mit Scherben bereit.
L besorgt einen Handbesen und eine Schaufel.
L hält Rhythmusinstrumente bereit.

Motivation

L leert den Korb mit Scherben auf den Boden.
L: *Manchmal geht in unserem Leben etwas schief. Es fällt dir etwas herunter, du stößt irgendwo dagegen und es gibt Scherben. Meist ist es sehr ärgerlich, wenn etwas kaputtgeht. Nimmt man einen Handbesen und eine Schaufel, kann das Missgeschick schnell aus der Welt geschafft sein. Manchmal gibt es Scherben anderer Art. Da geht eine Freundschaft zu Bruch, da gibt es Ärger und Streit. Handbesen und Schaufel helfen da nicht weiter.*
SuS äußern sich spontan dazu.

Hinführung

L: *Wenn Handbesen und Schaufel nicht weiterhelfen, was hilft dann? Wie gehen wir mit solchen Scherben, mit Schuld, die wir verursacht haben, um? Unter den Teppich kehren geht nicht. Wir müssen uns die Schuld-Scherben anschauen.*

Erarbeitung

L: *Schaut euch die Bausteine an und überlegt, wie ihr damit einen Bußgottesdienst feiern könnt. (A1)*
L: *Ergänzt den Bußgottesdienst z. B. mit Fürbitten, Gebeten und Liedern. (A2)*
SuS tragen ihre Ergebnisse vor.

Vertiefung

L: *Im Bußgottesdienst und im Sakrament der Versöhnung schenkt Gott den Menschen einen neuen Anfang. Trotzdem gibt es zwischen beiden Formen der Sündenvergebung einen wichtigen Unterschied. Erklärt. (A3)*
SuS tauschen sich darüber aus und nehmen dazu Stellung.

Transfer

L: *Aus Stolpersteinen können Bausteine werden, aus Scherben ein Mosaik. Betrachtet die Fotos und überlegt, wie ihr das Thema „So ist Versöhnung" in der Kirche darstellen könnt. (A4)*
SuS tragen ihre Ergebnisse vor.

Warum es sich lohnt, anders zu sein (Sb S. 32/33)

Inhaltsbezogene Kompetenzen

Die Schülerinnen und Schüler können ausgehend von christlichen Normen (z. B. Mt 7,12) und Werten (z. B. Gerechtigkeit und Freiheit) zeigen oder erklären, wie verantwortliches Handeln zur Gestaltung einer solidarischen Gesellschaft beiträgt.

Vorbereitung

L hält Bibelausgaben bereit.

Motivation

L schreibt an TA: „Anders sein!"
SuS äußern sich spontan dazu.

Hinführung

L: *Paul stellt im Alltag immer wieder fest, dass sein Vater sich oft anders verhält als die Väter, die er von seinen Freunden kennt. Eines Abends spricht er ihn darauf an.*
SuS lesen das Gespräch (Sb S. 32/33) mit verteilten Rollen.

Erarbeitung

L: *Für Pauls Vater lohnt es sich, anders zu sein. Arbeite seine Argumente heraus. (A1)*
L: *Erarbeite weitere christliche Normen und Werte mithilfe der Zehn Gebote (Ex 20,2–17), dem Doppelgebot der Liebe (Mk 12,29–31) und der Bergpredigt (Mt 5–7). (A2)*
SuS tragen ihre Ergebnisse vor.

Vertiefung

L: *Erkläre das Bild „Barmherziger Samariter" von Max Liebermann. Setze es in Beziehung zum Text und erstelle eine Liste mit Situationen/Problemen, bei denen Menschen heute genauer hinschauen sollten. (A3)*
L: *Nimm Stellung dazu, inwiefern christliche Werte und Normen dabei helfen können, auf diese Probleme zu reagieren. (A4)*
L: *Interpretiere das Foto „Engel oder Teufel?". (A5)*
SuS tragen ihre Ergebnisse vor.

Transfer

L: *Entwickle Perspektiven, wie verantwortliches Handeln zur Gestaltung einer solidarischen Gesellschaft beitragen kann. (A6)*
SuS tauschen sich darüber aus und nehmen dazu Stellung.

Was kannst du gut? – Wo bringst du das ein?

Gehe in Gedanken deine letzten 14 Tage einmal durch und beantworte die folgenden Fragen:

Wo hast du deine Begabungen und Fähigkeiten eingebracht?

_____

_____

_____

_____

Waren das für dich sinnvolle Tätigkeiten? Erfüllt dich das?

_____

_____

Wo siehst du Möglichkeiten und Aufgaben, bei denen du deine Fähigkeiten und Begabungen so einsetzen kannst, dass sie dich erfüllen?

_____

_____

Was kann ich gut? – Wo bringe ich das ein?

Ich kann _____

_____

_____

Ich bin _____

_____

_____

Ich kenne mich aus _____

_____

_____

Ein Unfall – plötzlich ist alles anders

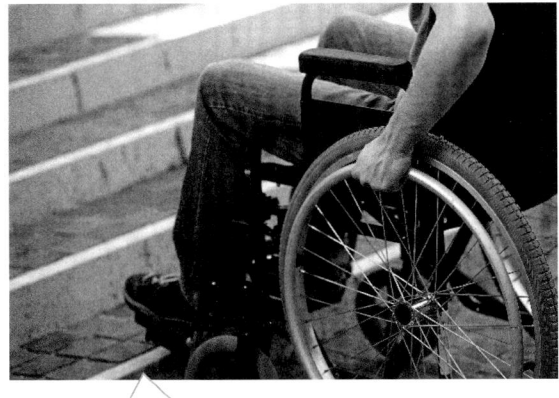

Tisi: „Aber ich konnte meine

_____ bewegen, und das hat

mich in dem Moment ziemlich

_____ gemacht."

Tisi ist seit seinem

_____ von

_____

abwärts gelähmt.

Was hilft Tisi? Erläutert anhand seines Beispiels, wie aus einem schweren Unglück dennoch ein Neuanfang erwachsen kann.

_____

_____

_____

_____

Viele Menschen stellen in Situationen wie der beschriebenen die Frage nach dem „Warum?".
Tisi stellt die nach dem „Wenn …". Erkläre den Unterschied und nimm Stellung dazu.

_____

_____

_____

_____

_____

Autor: Reinhard Schlereth
Abbildungsverzeichnis: stock.adobe.com, Dublin (stokkete)

Klett

„Mit meinem Gott überspringe ich Mauern." (Ps 22) – Was könnte der Psalmschreiber damit gemeint haben?

_____

_____

_____

_____

Viele Menschen, die in einer ähnlichen Situation wie Tisi sind, hadern mit Gott und fragen sich: Warum hat Gott meinen Schicksalsschlag nicht verhindert? Warum lässt Gott ein solches Leid zu?
Was würdest du ihnen antworten?

_____

_____

_____

_____

Es gibt noch andere Situationen, in denen sich Fragen nach dem Menschsein, dem Sinn des Lebens und der eigenen Identität stellen. Finde Beispiele.

_____

_____

_____

_____

_____

Autor: Reinhard Schlereth
Abbildungsverzeichnis: stock.adobe.com, Dublin (stokkete)

Leid – Liebeskummer

Nummer gegen Kummer Kinder- und Jugendtelefon

116111

Tipps gegen Liebeskummer und für andere Situationen, in denen es Jugendlichen „dreckig" geht:

Tipp 1 _____

_____

_____

_____

Tipp 2 _____

_____

_____

_____

Tipp 3 _____

_____

_____

_____

Tipp 4 _____

_____

_____

_____

Autor: Reinhard Schlereth

Klett

Glaube, Freiheit und Vergebung – Petrus, ein Vorbild?

Petrus blickt auf sein Leben zurück.

_____

_____

_____

_____

_____

_____

_____

_____

Warum kann Petrus nicht schweigen über das, was er gesehen und gehört hat?

_____

_____

_____

_____

_____

Welche Konsequenzen können Glaube, Freiheit und Vergebung für den Menschen haben?

_____

_____

_____

_____

_____

_____

_____

_____

Autor: Reinhard Schlereth

Klett

Glaube und Freiheit – Paulus

Denn ihr seid zur _____
berufen, Brüder und Schwestern.
Nur nehmt die Freiheit nicht
zum Vorwand für das Fleisch,
sondern _____!
Gal 5,14

„Der _____ ist der Geist;
wo aber der Geist des Herrn ist,
da ist _____.“
2 Kor 3,17

Paulus ist anfangs ein sehr überzeugter

Anhänger des _____. Deshalb verfolgt er

alle, die vom _____ Glauben abweichen.

Nach seiner _____ vor Damaskus

will er die _____ im ganzen

_____ Reich bekannt machen.

Sie hat, seiner Meinung nach, verändernde Kraft

für die _____ Welt und natürlich für jeden

_____.

Deshalb führt er drei große _____

durch. Dabei gelingt es ihm, kleine christliche

_____ zu gründen und viele Menschen

von der Botschaft _____ zu

überzeugen. Er lässt die Menschen seine

Begeisterung spüren von einem _____, der

alle zur _____ berufen hat.

Nicht mehr Gesetze und Vorschriften sollen das

menschliche Leben einengen, sondern Gott hat den

Menschen dazu berufen, in Freiheit am _____ mitzuarbeiten. Paulus nimmt

dabei alles das in den Blick,

was unserer Freiheit entgegensteht:_____.

Wer sich zu Jesus bekennt, der kann den Geist der

_____.

Autor: Reinhard Schlereth
Textquelle: Die Bibel. Einheitsübersetzung der Heiligen Schrift, vollständig durchgesehene und überarbeitete Ausgabe © 2016
Katholische Bibelanstalt, Stuttgart
Abbildungsverzeichnis: akg-images, Berlin [Caravaggio: Bekehrung des Paulus]

Glaube und Freiheit – Paulus – Lösung

Paulus ist anfangs ein sehr überzeugter Anhänger des Judentums. Deshalb verfolgt er alle, die vom jüdischen Glauben abweichen. Nach seiner Bekehrung vor Damaskus will er die frohe Botschaft im ganzen Römischen Reich bekannt machen. Sie hat, seiner Meinung nach, verändernde Kraft für die ganze Welt und natürlich für jeden Einzelnen. Deshalb führt er drei große Missionsreisen durch. Dabei gelingt es ihm, kleine christliche Gemeinden zu gründen und viele Menschen von der Botschaft Jesu Christi zu überzeugen. Er lässt die Menschen seine Begeisterung spüren von einem Gott, der alle zur Freiheit berufen hat.

Nicht mehr Gesetze und Vorschriften sollen das menschliche Leben einengen, sondern Gott hat den Menschen dazu berufen, in Freiheit am Werk Gottes mitzuarbeiten. Paulus nimmt dabei alles das in den

Denn ihr seid zur Freiheit berufen, Brüder und Schwestern. Nur nehmt die Freiheit nicht zum Vorwand für das Fleisch, sondern dient einander in Liebe!
Gal 5,14

„Der Herr ist der Geist; wo aber der Geist des Herrn ist, da ist Freiheit."
2 Kor 3,17

Blick, was unserer Freiheit entgegensteht: Geld, Anerkennung, Sucht, Maßlosigkeit. Wer sich zu Jesus bekennt, der kann den Geist der Freiheit spüren und leben.

Autor: Reinhard Schlereth
Textquelle: Die Bibel. Einheitsübersetzung der Heiligen Schrift, vollständig durchgesehene und überarbeitete Ausgabe © 2016 Katholische Bibelanstalt, Stuttgart
Abbildungsverzeichnis: akg-images, Berlin [Caravaggio: Bekehrung des Paulus]

Vergebung und Versöhnung erfahren – aber wie?

Die Beichte, das Sakrament der Versöhnung, ist das eine wirkliche Chance, auch für uns heute?

_____

_____

_____

_____

Autor: Reinhard Schlereth
Abbildungsverzeichnis: stock.adobe.com, Dublin (korni007)

Vergebung und Versöhnung erfahren – aber wie? – Lösung

die eigene Schuld zugeben

andere um Verzeihung bitten

die Ent-schuldigung annehmen

anderen etwas Gutes tun, helfen

dem anderen verzeihen

zu Gott sprechen, beten

mit anderen über Fehler nachdenken

Bußgottes-dienst besuchen

zur Beichte gehen

Die Beichte, das Sakrament der Versöhnung, ist das eine wirkliche Chance, auch für uns heute?

_____

_____

_____

_____

Autor: Reinhard Schlereth
Abbildungsverzeichnis: stock.adobe.com, Dublin (korni007)

Klett

2. Welt und Verantwortung

Inhaltsbezogene Kompetenzen des Kapitels

Die Schülerinnen und Schüler können ethische Herausforderungen an Beispielen darstellen. Sie können Grundlagen erläutern, die für eine christlich verantwortete ethische Entscheidungsfindung relevant sind. Sie können zu ethischen Fragestellungen Handlungsmöglichkeiten aus christlicher Perspektive entwerfen.

Welt und Verantwortung (Sb S. 35)

Inhaltsbezogene Kompetenzen

Die Schülerinnen und Schüler können aus verschiedenen Perspektiven Phänomene und Entwicklungen aufzeigen, beschreiben oder untersuchen, die den gesellschaftlichen Frieden gefährden und deshalb ethisch herausfordern.

Vorbereitung

L sucht im Internet (z.B. YouTube/öffentlich-rechtlicher Nachrichtenkanal) nach einem Video-Bericht zu einer Demonstration, die inhaltlich zu diesem Kapitel passt: z.B. Fridays for Future.
L organisiert Schullaptops/Tablets für Internetrecherche (alternativ: Smartphones der Schüler).

Motivation

L zeigt das Video der Demonstration.
SuS erklären, warum und wie Menschen hier demonstrieren und welche Stimmung gezeigt wird.

Themenfindung

L: *Wie in diesem Video gehen Menschen auf die Straße, um öffentlich ihre Meinung kund zu tun und sich für oder gegen etwas einzusetzen...*
SuS betrachten und beschreiben die Bilder im Sb S. 35.
L: *Erkläre, wofür oder wogegen Menschen hier demonstrieren. (A1)*
L: *Warst du schon einmal bei einer Demonstration dabei?*
SuS können hier von eigenen Erfahrungen berichten.

Erarbeitung

L: *Alle diese Themen, die hier auf den Bildern zu sehen sind, werden in diesem Kapitel vorkommen.*
L: *Informiere dich im Internet genauer über die in den Bildern aufgegriffenen Themen. (A2)*
SuS gehen in Partnerarbeit zusammen, recherchieren und machen sich Notizen zu den Themen „Fridays for Future", den Begriffen „Lügenpresse" und „Teilhabe/Inklusion" sowie zur Idee der Ostermärsche.
SuS stellen ihre Ergebnisse in der Klasse vor.

Vertiefung/Transfer

L: *Sammelt aktuelle Themen, für die sich Menschen einsetzen könnten. Erörtert, warum es sich lohnt, sich für solche Themen zu engagieren. (A3)*
SuS gehen in Kleingruppen zusammen und überlegen sich zunächst Themen.

Hausaufgabe

L: *Gestaltet ein Plakat zu einem von euch gefundenem Thema. Dieses Plakat sollte einen prägnanten Spruch, Bilder oder Zeichnungen beinhalten.*

Nur noch kurz die Welt retten (Sb S. 36/37)

Inhaltsbezogene Kompetenzen

Die Schülerinnen und Schüler können globale Auswirkungen menschlichen Handelns auf Natur und Umwelt als ethische Herausforderungen benennen, aufzeigen oder erläutern.

Motivation

L schreibt den Begriff „Klimawandel" an die Tafel.
L: *Nennt in einer Speed-Statement-Runde Assoziationen zum Thema „Klimawandel". (A1)*
L: *Was bedeutet der* Klimawandel *für dich persönlich?*
SuS äußern sich dazu und berichten.

Erarbeitung

L: *Der Klimawandel lässt sich nicht leugnen. Wie wir den Klimawandel auch bei uns zu spüren bekommen, erfahren wir im Sb S. 36.*
SuS lesen Sb S. 36 und erklären die zu Beginn genannten Hashtags.
L: *Die Zeit, etwas gegen den Klimawandel zu tun, drängt. Das zeigt auch der Cartoon.*
L: *Erkläre den Cartoon von Waldemar Mandzel. (A2)*
SuS beschreiben zunächst, was sie sehen und interpretieren anschließend den Cartoon.

Vertiefung

L: *Für ein junges Mädchen war es nicht mehr „10 vor 12", wie hier auf dem Cartoon. Nein, es ist ganz kurz vor 12…*
SuS lesen Sb S. 37.
L: *Ihr habt euch in der letzten Stunde bereits über die Fridays-for-Future-Bewegung informiert. Erklärt nun anhand dieses Textes und dem Wissen aus der letzten Stunde: Gibt es diese heute immer noch? Zeige auf, welche Probleme sie anspricht und welche Konsequenzen sie fordert. Beurteile, ob sie etwas bewegt hat. (vgl. A1)*
SuS antworten im Unterrichtsgespräch.
L: *Wie beurteilt ihr diese Bewegung, z. B. dass Schüler schwänzten?*
Nimm Stellung zu Zielen und Methoden der Bewegung. (A2)
L: *Erörtert, ob es auch christliche Motive dafür geben könnte, sich der Bewegung anzuschließen. (A3)*
SuS beziehen im Plenum Stellung dazu.

Vertiefung/Transfer

L: *Als Christinnen und Christen sind wir beauftragt, uns für die Erhaltung und den Schutz der Welt und der Schöpfung einzusetzen. Das bedeutet auch, uns den Herausforderungen des Klimawandels zu stellen. Jeder kann und muss etwas tun.*
L: *„Das wenige, das du tun kannst, ist viel" (Albert Schweitzer). Gestalte ein „Tatenbuch", in dem du darstellst, wie du ganz konkret und realistisch in deinem Alltag zum Klimaschutz beiträgst. (A3)*
SuS bearbeiten die Aufgabe in Einzelarbeit.

Hausaufgabe

L: *Klimawandel auch bei uns? Macht in eurer Umgebung Fotos, welche Auswirkungen der Klimawandel bei euch vor Ort zeigt. Gestaltet mit den Bildern einen Gallery Walk. (S. 36, A3)*

Sorge für das gemeinsame Haus (Sb S. 38/39)

Inhaltsbezogene Kompetenzen

Die Schülerinnen und Schüler können globale Auswirkungen menschlichen Handelns auf Natur und Umwelt als ethische Herausforderungen benennen, aufzeigen oder erläutern.

Vorbereitung

L besorgt das Video (z.B. über YouTube) des „Earth Songs" von Michael Jackson, bei Bedarf auch den Songtext.
L hält den Text von „Laudato si" bereit.

Motivation

L zeigt das Video.
L: *Achtet vor allem auf die eindrücklichen Bilder des Videos. Es geht um die Zerstörung der Erde (Regenwald, Artenschutz, Zerbomben von Städten, und schließlich um eine Wiederherstellung/"Auferstehung").*
SuS beschreiben ihre Gefühle zum Video und zu dessen Aussage.

Erarbeitung

L: *Davon, dass die Erde wieder in einem heilen Zustand ist, wie es im Video angedeutet wird, sind wir im Augenblick weit entfernt …*
SuS betrachten die Bilder in Sb S. 38.
L: *Äußert Gedanken, Gefühle und Eindrücke zu den Bildern. (A1)*
SuS äußern sich im Unterrichtsgespräch.
SuS lesen linke Spalte Sb S. 38
L: *Die Enzyklika des Papstes trägt den Titel „Laudato si'" – genau wie ein bekanntes Kirchenlied, das den Sonnengesang des Hl. Franz von Assisi zur Textgrundlage hat. Setze ihn in Beziehung zu den Bildern. (vgl. A2)*
L zeigt den Text des Sonnengesangs (M1), SuS stellen im Unterrichtsgespräch eine Beziehung zu den Bildern her.

Vertiefung

L: *Wir wollen erfahren, was Papst Franziskus in der Enzyklika „Laudato si'" schreibt.*
SuS lesen die Ausschnitte aus der Enzyklika (Sb S. 38/39).
L: *Fasse die wichtigsten Aussagen des vorliegenden Textausschnittes in Stichpunkten zusammen. (A1)*
L: *Arbeite Ziele heraus, die Papst Franziskus mit seiner Enzyklika „Laudato si'" verfolgt. (A2)*
SuS bearbeiten beide Aufgaben in PA und stellen ihre Ergebnisse der Klasse vor.

Transfer

L: *Nicht nur der Papst, sondern auch Prominente wollen ihre Bekanntheit nutzen, um auf die Umweltzerstörung aufmerksam zu machen.*
SuS lesen die beiden Zitate in Sb S. 39.
L: *Verfasse selbst ein Zitat zum Thema „Klimaschutz", durch das du aufrütteln willst. Orientiere dich dabei an denen von Ban Kimoon oder Leonardo DiCaprio. (A3)*
SuS bearbeiten die Aufgabe in Einzelarbeit und lesen ihre Statements im Anschluss vor.

Material 1

Laudato si

Laudato si, o-mi Signore
Laudato si, o-mi Signore
Laudato si, o-mi Signore
Laudato si, o-mi Signor

Sei gepriesen, du hast die Welt erschaffen.
Sei gepriesen, für Sonne, Mond und Sterne.
Sei gepriesen, für Meer und Kontinente.
Sei gepriesen, denn du bist wunderbar, Herr!

Sei gepriesen für Licht und Dunkelheiten.
Sei gepriesen für Nächte und für Tage.
Sei gepriesen für Jahre und Sekunden.
Sei gepriesen, denn du bist wunderbar, Herr!

Sei gepriesen für Wolken, Wind und Regen.
Sei gepriesen, du lässt die Quellen springen.
Sei gepriesen, du lässt die Felder reifen.
Sei gepriesen, denn du bist wunderbar, Herr!

Sei gepriesen für deine hohen Berge.
Sei gepriesen für Feld und Wald und Täler.
Sei gepriesen für deiner Bäume Schatten.
Sei gepriesen, denn du bist wunderbar, Herr!

Sei gepriesen, du lässt die Vögel kreisen.
Sei gepriesen, wenn sie am Morgen singen.
Sei gepriesen für alle deine Tiere.
Sei gepriesen, denn du bist wunderbar, Herr!

Sei gepriesen, denn du, Herr, schufst den Menschen.
Sei gepriesen, er ist dein Bild der Liebe.
Sei gepriesen für jedes Volk der Erde.
Sei gepriesen, denn du bist wunderbar, Herr!

Sei gepriesen, du selbst bist Mensch geworden.
Sei gepriesen für Jesus, unsern Bruder.
Sei gepriesen, wir tragen seinen Namen.
Sei gepriesen, denn du bist wunderbar, Herr!

Sei gepriesen, er hat zu uns gesprochen.
Sei gepriesen, er ist für uns gestorben.
Sei gepriesen, er ist vom Tod erstanden.
Sei gepriesen, denn du bist wunderbar, Herr!

Generation Z (Sb S.40/41)

Inhaltsbezogene Kompetenzen

Die Schülerinnen und Schüler können aus verschiedenen Perspektiven Phänomene und Entwicklungen aufzeigen, beschreiben oder untersuchen, die den gesellschaftlichen Frieden gefährden und deshalb ethisch herausfordern (Generationenkonflikt, Schere zwischen Arm und Reich, mangelnde Teilhabe).

Vorbereitung

L bereitet das Sokrates-Zitat als Plakat vor.

Motivation

L hängt das Sokrates-Zitat an TA oder blendet es ein. SuS lesen es vor und rätseln, aus welchem Jahr/Zeit dieses Zitat stammen könnte.
L: *Ihr werdet überrascht sein, aus welchem Jahr das Zitat stammt. Die Antwort finden wir im Sb S.40.*

Erarbeitung

SuS lesen Sb S.40.
L: *Verfasse ein ähnliches Zitat wie das von Sokrates, allerdings über die „Alten" von heute. Verfasse auch ein zweites Zitat, das positive Eigenschaften benennt. (A1)*
SuS verfassen die zwei Zitate und tragen sie sich gegenseitig vor. (vgl. A2)
L: *Betrachte die Bilder. Oft haben Jung und Alt viele Vorurteile dem/der anderen gegenüber und kommen kaum miteinander in Kontakt. Lasst den älteren und den jüngeren Mann/die ältere und die jüngere Frau in einen Dialog treten und über ihre jeweilige Sicht auf die Welt sprechen. Schreibt das Gespräch in Partnerarbeit auf. (A3)*
SuS gehen zu zweit zusammen und schreiben das Gespräch auf. Im Anschluss tragen einige SuS ihre Dialoge vor, die anderen SuS nehmen Stellung dazu. (vgl. A4)

Vertiefung

L: *Eurer Generation gehört die Zukunft – mit allen ihren Chancen, aber auch mit allen Herausforderungen.*
L: *Lies die Zitate in den Sprechblasen. Benenne die Probleme zwischen den Generationen, die darin angesprochen werden. (A1)*

Transfer

L: *Emilia und Leon sprechen einige Probleme zwischen den Generationen an.*
L: *Erläutere, welche weiteren Konflikte zwischen den Generationen den gesellschaftlichen Frieden gefährden können. Nehmt in der Gruppe Stellung dazu. Zieht dabei auch Ex 20,12 heran: „Ehre deinen Vater und deine Mutter, damit du lange lebst in dem Land, das der Herr, dein Gott, dir gibt." (vgl. A2 und A3)*
SuS gehen in Kleingruppen zusammen und suchen nach weiteren Konfliktfeldern. Auswertung im Plenum.

Hausaufgabe

L: *Generation Z: Gestalte eine Collage über deine Generation, in der du deine persönlichen, beruflichen und gesellschaftlichen Wünsche, Erwartungen und Ziele darstellst. (A4)*

Abgehängt? (Sb S. 42/43)

Inhaltsbezogene Kompetenzen

Die Schülerinnen und Schüler können aus verschiedenen Perspektiven Phänomene und Entwicklungen aufzeigen, beschreiben oder untersuchen, die den gesellschaftlichen Frieden gefährden und deshalb ethisch herausfordern (Generationenkonflikt, Schere zwischen Arm und Reich, mangelnde Teilhabe).

Vorbereitung

L besorgt das Lied „Ich wär so gerne Millionär" von den Prinzen.

Motivation

L spielt das Lied ein.
L: *Wer wäre nicht gerne Millionär? Was würdest du dir gönnen, wenn du im Lotto gewinnen würdest?*
SuS erzählen.
L: *Von uns ist niemand Millionär. Viele von uns kommen mehr oder weniger über die Runden. Aber es gibt auch viele, bei denen das Geld hinten und vorne nicht ausreicht, und die schwer im Leben kämpfen müssen.*

Erarbeitung

SuS lesen Sb S. 42/43.
L: *Analysiere die Liste auf der linken Seite und ergänze, wer in deinen Augen als „abgehängt" angesehen werden kann. Schaue dazu auch auf Seite 46/47. (A1)*
SuS ergänzen die Liste um weitere Sätze in Einzelarbeit und lesen sie in der Klasse vor.
L: *Beschreibe die Situation auf dem Foto links. Erkläre, warum die jugendlichen Demonstranten und Demonstrantinnen dieses Transparent erstellt haben. (A2)*
SuS beantworten die Frage im Unterrichtsgespräch.

Vertiefung

L: *Marlene kann aufgrund ihrer finanziellen Lage nur eingeschränkt am gesellschaftlichen Leben teilhaben. Erörtert in der Gruppe, welche Konsequenzen das für sie haben kann. Bezieht dabei eure Überlegungen aus den vorherigen Aufgaben mit ein. (A3)*
SuS gehen in Kleingruppen zusammen und bearbeiten die Aufgabe.

Transfer/Gestaltung

L: *Schreibe aus Marlenes Sicht einen Brief an einen Politiker, in dem du darlegst, wie Jugendliche konkret unterstützt werden können, damit sie nicht mehr als abgehängt gelten.*
SuS bearbeiten die Aufgabe in Einzelarbeit und tragen ihren Brief in der Klasse vor.

True lies? (Sb S.44/45)

Inhaltsbezogene Kompetenzen

Die Schülerinnen und Schüler können zentrale ethische Aussagen des Dekalogs (z.B. Ex 20,16) und eines Propheten (z.B. Amos) sachgemäß beschreiben, darstellen oder herausarbeiten.

Vorbereitung

L hält Bild von Pinocchio bereit (als Bild M1 oder auch als echte Marionetten-Figur).
L kopiert Fragebögen.
L hält Schullaptops/Tablets für die Internetrecherche bereit (alternativ: Smartphones der Schüler).

Motivation

L zeigt Pinocchio (M1).
SuS erklären, wer das ist und was das Besondere an seiner Nase ist.
L: *Wenn Pinocchio lügt, erkennt man es an seiner Nase. Meinst du, dass man dir ansieht, wenn du lügst?*
L: *Woran erkennst du, dass jemand lügt?*
SuS äußern sich dazu im Unterrichtsgespräch und berichten dabei auch von eigenen Erfahrungen.

Erarbeitung

L: *Nicht immer ist es so leicht wie bei Pinocchio zu erkennen, was eine Lüge oder was Wahrheit ist.*
Aber was meinen die Begriffe Lüge und Wahrheit eigentlich?
L: *Formuliert gemeinsam in der Gruppe Definitionen für die Begriffe „Wahrheit" und „Lüge". (A1)*
L: *Recherchiert danach im Internet nach Sprichwörtern zu den Begriffen „Wahrheit" und „Lüge" (z.B. „Lügen haben kurze Beine"). Setzt sie anschließend in Beziehung zu den Definitionen. (A2)*
SuS gehen in Kleingruppen zusammen, bearbeiten beide Aufgaben und stellen ihre Ergebnisse vor.

Vertiefung

L: *Neben Sprichwörtern, die auf Erfahrungen beruhen, gibt es noch weitere Zitate über Wahrheit und Lüge.*
Lies die Zitate über Wahrheit und Lüge durch und arbeite heraus, welche Erfahrungen darin zum Vorschein kommen.
SuS lesen die Zitate im Sb S.44 und nehmen Stellung dazu.
L: *Trotz aller Erfahrungen, die bei diesem Thema zum Vorschein kommen: Wir Menschen lügen und flunkern ...*
SuS lesen Sb S.45 und bearbeiten in Einzelarbeit das AB „Ein bisschen flunkern ...?" (KV 9).
SuS tauschen sich mit dem Partner aus.

Transfer

L: *Bei den vielen Lügen und Fake News im Alltag wäre so etwas wie ein „Wahrheitsladen" eine tolle Einrichtung.*
SuS lesen die Erzählung vom „Wahrheitsladen" in Sb S.45.
L: *Erläutere die Aussage der Erzählung vom „Wahrheitsladen" in eigenen Worten. (A2)*
Setze die Aussage in Beziehung zum achten Gebot und zu den weiteren Zitaten. (A3)
SuS stellen ihre Ergebnisse im Unterrichtsgespräch vor.

Material 1

Amos 2.0 – was Amos heute sagen würde (Sb S. 46/47)

Inhaltsbezogene Kompetenzen

Die Schülerinnen und Schüler können zentrale ethische Aussagen des Dekalogs (z. B. Ex 20,16) und eines Propheten (z. B. Amos) sachgemäß beschreiben, darstellen oder herausarbeiten.

Vorbereitung

L kopiert AB „Amos kritisiert …" (KV 10).

Motivation

L schreibt an die Tafel: „Wer ist Amos?"
L: *Ihr habt Amos bereits in früheren Jahrgangsstufen kennengelernt. Sammelt in der Gruppe in einem Brainstorming, was ihr noch über ihn, sein Wirken und Propheten im Allgemeinen wisst. (A1)*
SuS gehen in Kleingruppen zusammen und machen sich Notizen.
L sammelt anschließend alle Informationen an der Tafel.

Erarbeitung

L: *Was der Prophet Amos damals genau an der Gesellschaft kritisierte, wollen wir uns noch einmal in Erinnerung rufen und untersuchen.*
SuS lesen Sb S. 46.
L: *Amos' Wortlaut sollt ihr nun genauer analysieren.*
SuS lesen Am 3,9–4,3 und bearbeiten Aufgabe 2 in Partnerarbeit auf dem AB „Amos kritisiert …" (KV 10). Sicherung im Plenum
L: *Interpretiert Amos' Worte. Untersucht dabei, ob seine Botschaft ausschließlich eine Anklage ist. (A3)*

Vertiefung

L: *Die Texte des Amos klingen auch heute noch aktuell, das Verhalten der Menschen scheint sich nicht gebessert zu haben …*
L: *Betrachte die Bilder und beschreibe, inwiefern hier soziales Unrecht zum Ausdruck kommt. (A1)*
L: *Was würde Amos heute anklagen? Benenne Beispiele für weitere Ungerechtigkeiten heute. (A2)*
SuS antworten zu beiden Fragen im Unterrichtsgespräch.

Transfer/Gestaltung

L: *Wir sehen diese Bilder im Schulbuch, und wir haben weitere Ungerechtigkeiten herausgefunden: Wähle dir einen dieser Missstände aus. Schreibe eine prophetisch kritische Rede und trage sie in der Gruppe vor. (A3)*
SuS schreiben in Einzelarbeit eine prophetisch kritische Rede und präsentieren sie dann in der Klasse.

Was für ein Dilemma! (Sb S. 48/49)

Inhaltsbezogene Kompetenzen

Die Schülerinnen und Schüler können unter Berücksichtigung einer Dilemmasituation das Verständnis des Gewissens als letzte Instanz aufzeigen, beschreiben oder erläutern (z. B. nach John Henry Newman, GS, KatKK 1782).

Vorbereitung

L besorgt Plakate (DIN A3).

Motivation

L liest das Heinz-Dilemma in Sb S. 48 vor. SuS äußern sich kurz und spontan, wie sie handeln würden.
L: *Auf den ersten Blick erscheint uns die Antwort klar. Wenn man sich jedoch genauer mit der Situation auseinandersetzt, erkennt man, dass ein eindeutiges Urteil vielleicht doch nicht so einfach ist ...*

Erarbeitung

SuS lesen Sb S. 48/49.
L: *Erkläre anhand eines Beispiels und des Bildes mit eigenen Worten, was eine Dilemma-Situation ist und wie man zu einem Urteil kommt. (vgl. A1)*
SuS beantworten die Frage im Unterrichtsgespräch.

Vertiefung

L: *Ihr sollt nun beim Heinz-Dilemma zu einem Urteil kommen.*
L: *Bearbeitet in Kleingruppen das Heinz-Dilemma nach den Schritten, die ihr oben seht: Sucht möglichst viele Argumente als Begründung für und gegen den Diebstahl des Medikaments. Haltet eure Ergebnisse und Überlegungen auf einem DIN-A3-Blatt fest. – Nehmt zusätzlich noch Stellung zu folgenden Fragen:*
Wie würdet ihr entscheiden, wenn Heinz das Medikament nicht für seine Frau, sondern für einen Fremden stehlen soll?
Heinz stiehlt das Medikament und wird gefasst. Sollte der Richter ihn freisprechen oder ihn verurteilen? (A1)
SuS gehen in Kleingruppen zusammen, erarbeiten ihre Lösung des Heinz-Dilemmas und beantworten die Zusatzfragen. Ihre Ergebnisse stellen sie dann in der Klasse vor. (vgl. A2)

Transfer/Hausaufgabe

L: *Verfasse selbst eine Dilemma-Geschichte und lass deine Mitschüler und Mitschülerinnen eine Entscheidung treffen. (A3)*
SuS bearbeiten die Aufgabe (zu Hause) in Einzelarbeit.

Wie gewiss ist das Gewissen? (Sb S. 50/51)

Inhaltsbezogene Kompetenzen

Die Schülerinnen und Schüler können unter Berücksichtigung einer Dilemmasituation das Verständnis des Gewissens als letzte Instanz aufzeigen, beschreiben oder erläutern (z. B. nach John Henry Newman, GS, KatKK 1782).

Vorbereitung

L besorgt das Lied und den Liedtext „Gewissen" von den Toten Hosen.

Motivation

L spielt das Lied „Gewissen" von den Toten Hosen vor und blendet den Text (M1) ein.
L: *In dem Lied geht es um das Gewissen. Schau dir den Text noch einmal an: Wie wird das Gewissen dargestellt?*
SuS beantworten die Frage mithilfe des Liedtextes.

Erarbeitung

L: *Das Gewissen wird in dem Lied als eine drohende Instanz dargestellt.*
L: *Wenn man dich fragte: „Was ist das Gewissen?", was würdest du antworten? Schreibe deine Antwort in mehreren Sätzen dazu auf. (A1)*
SuS überlegen sich eine Definition des Gewissens in Einzelarbeit.
L: *Was das Gewissen genau ist, lässt sich schwer sagen. Die Redensart „ein gutes bzw. schlechtes Gewissen haben" ist uns aber geläufig.*
L: *Erkläre, wann man ein „schlechtes" Gewissen hat. Berichte auch von deinen Erfahrungen, bei denen du ein schlechtes Gewissen oder „Gewissensbisse" hattest. (A2)*
L: *Es gibt nicht nur ein schlechtes Gewissen, sondern auch das Gegenteil: Nenne Situationen in denen du ein gutes Gewissen hattest. Beschreibe auch die Gefühle, die du dabei gespürt hast. (A3)*
SuS äußern sich zu beiden Fragen nacheinander im Unterrichtsgespräch.
L: *Es gibt verschiedene Deutungen des Gewissens. Zwei lernen wir kennen, wenn wir den Text im Sb S. 50 lesen.*
SuS lesen und beantworten die Frage, ob für sie das Gewissen die „Stimme Gottes" ist. (vgl. A3)

Vertiefung

L: *Unser Gewissen kommt im Alltag in unterschiedlichen Situationen zum Einsatz ...*
SuS lesen die Fallbeispiele im Sb S. 51.
L: *Beschreibe bei den Fallbeispielen, worin jeweils der Gewissenskonflikt besteht.*
Erkläre, was dir in den einzelnen Situationen dein Gewissen raten würde. (A1)

Transfer/Gestaltung

L: *Setzt einige dieser Beispiele in Kleingruppen in einem Rollenspiel um. Stellt dabei das Gewissen durch zwei Mitschüler oder Mitschülerinnen dar, die links und rechts von der Hauptfigur stehen und ihr unterschiedliche Ratschläge geben. (A2)*
SuS setzen das Rollenspiel szenisch um.

Material 1

Die Toten Hosen: Gewissen

Ich bin immer hinter dir,
jeden Tag von früh bis spät.
Ich bin in deiner Nähe,
ganz egal, wohin du gehst.
Ich bin das schlechte Gefühl,
das du hin und wieder kriegst
und das du ohne Schwierigkeit
einfach zur Seite schiebst.

An deinem letzten Tag hol ich dich ein,
nehm dich fest in meinen Griff,
dann kommst du nicht mehr an mir vorbei
und ich zeig dir dein wahres Ich.
Den tausend Lügen von dir wirst du dich stelln,
all den Tricks und Spielerein.

Ich bin dein Gewissen,
ich lass dich nicht allein.

Ich bin die Zecke,
die in deinem Nacken sitzt,
mich wirst du nicht los,
ob du willst oder nicht.
Dein Schlaf ist heut noch tief und fest,
weil du meinst, du kommst ohne mich aus,
aber glaube mir: selbst du
wachst irgendwann mal auf.

An deinem letzten Tag hol ich dich ein,
nehm dich fest in meinen Griff,
dann kommst du nicht mehr an mir vorbei
und ich zeig dir dein wahres Ich.
Den tausend Lügen von dir wirst du dich stelln,
all den Tricks und Spielerein.

Ich bin dein Gewissen,
ich lass dich nicht mehr allein.

Mein Bauch gehört mir!? (Sb S.52/53)

Inhaltsbezogene Kompetenzen

Die Schülerinnen und Schüler können eine kirchliche Position zu einer individualethischen und zu einer sozialethischen Fragestellung prüfen, beurteilen oder sich damit auseinandersetzen (z.B. Schwangerschaftsabbruch, Krankheit, Sterbehilfe; Krieg und Frieden, Gerechtigkeit).

Vorbereitung

L hält das Bild „Schwangere Frau" (M1) bereit.

Motivation

L zeigt das Bild „Schwangere Frau" (M1).
L: *Beschreibt zunächst, was ihr auf dem Bild erkennen könnt.*
L: *Vermutet, welche Gedanken und Gefühle der Frau in diesem Moment durch den Kopf gehen könnten.*
SuS äußern sich dazu (auch, was sie dabei fühlen würden) und vermuten positive Gefühle (Vorfreude), vielleicht aber auch Zweifel und Ängste.

Erarbeitung

L: *Eine Schwangerschaft bedeutet nicht für alle Frauen eine große Vorfreude. Vielmehr können auch Ängste, Sorgen und Verzweiflung auftreten, die die Frauen in eine tiefe Krise stürzen lassen. Lesen wir, was uns zwei junge Frauen in dieser Situation berichten.*
SuS lesen „Die 16-jährige Lara erzählt" (Sb S.52).
L: *Versetze dich in Lara hinein und beschreibe weitere Gedanken und Gefühle. (A1)*
SuS äußern sich dazu im Unterrichtsgespräch.
L: *Nicht nur Lara, sondern auch Marc wird mit dieser unerwarteten Nachricht konfrontiert.*
L: *Entwerft zu zweit einen Dialog zwischen Lara und Marc. Ihr könnt euch an dem Freundschaftsmodell von Olivia und Christian (Sb S.10/11) orientieren oder ein eigenes wählen. Berücksichtigt dabei, auf welchen Werten die Beziehung basiert. (A2)*
SuS gehen in PA zusammen und entwerfen einen Dialog, den sie im Anschluss in der Klasse vortragen.

Vertiefung

L: *Vermutlich war auch Annika in einer ähnlichen Situation wie Lara. Sie entschied sich aber zu einem Schwangerschaftsabbruch...*
SuS lesen „Annika (25 Jahre) berichtet" (Sb S.53).
L: *Beschreibe, wie es Annika nach dem Schwangerschaftsabbruch geht. (A1)*
SuS versuchen, Annikas Gefühle auszudrücken.
L: *So eine Entscheidung ist für keine Frau einfach. Außenstehende können nicht einmal erahnen, wie eine Frau dabei zweifelt und mit sich ringt. Die Deutsche Bischofskonferenz nimmt aber dennoch eine klare Position für das Leben ein.*
SuS lesen den Text im gelben Kasten (Sb S.53).
L: *Erläutere die Argumente der Deutschen Bischofskonferenz. Erkläre insbesondere den ersten Satz. Stellt dieser Haltung den Satz „Mein Bauch gehört mir" gegenüber. (vgl. A2 und A3)*
SuS nehmen im Unterrichtsgespräch dazu Stellung.

Transfer/evtl. Hausaufgabe

L: *In einer solchen Situation ist es für schwangere Frauen hilfreich, sich beraten zu lassen, mit dem Partner, mit Familie und mit Freunden darüber zu reden.*
L: *Formuliere Ratschläge für Frauen, die eine Abtreibung in Betracht ziehen und Hilfe bei ihrer Entscheidung suchen. (A4)*
SuS formulieren die Ratschläge in Einzelarbeit.

Material 1

Schwangere Frau

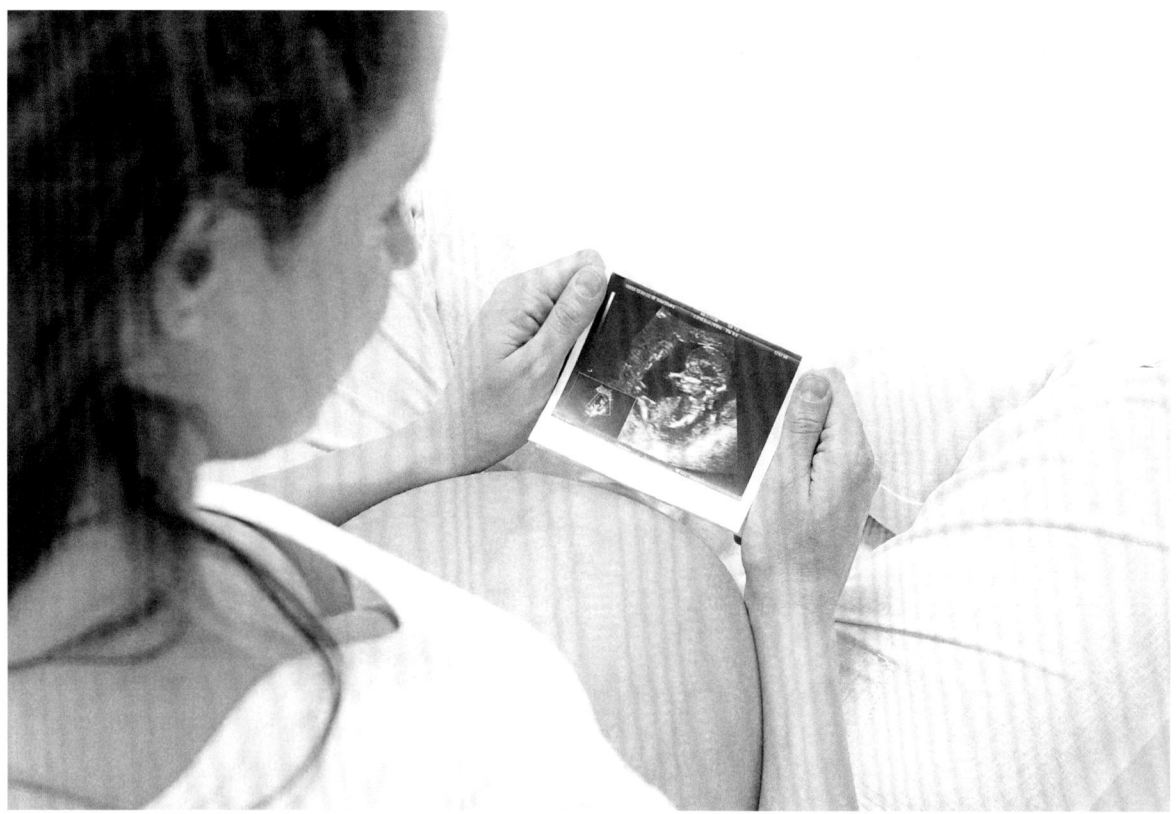

Mein Ende gehört mir!? (Sb S.54/55)

Inhaltsbezogene Kompetenzen

Die Schülerinnen und Schüler können eine kirchliche Position zu einer individualethischen und zu einer sozialethischen Fragestellung prüfen, beurteilen oder sich damit auseinandersetzen(z.B. Schwangerschaftsabbruch, Krankheit, Sterbehilfe; Krieg und Frieden, Gerechtigkeit).

Einstimmung

L schreibt die Worte an die Tafel: „Lasst mich bitte sterben ..."
SuS nähern sich vorsichtig dem Thema des selbstbestimmten Sterbens, indem sie äußern, wer so einen Satz sagen könnte, in welcher Situation, zu wem.

Hinführung

L: *„Menschliches Leben besitzt von Anfang an eigene Würde..." Diesen Satz der DBK haben wir in der letzten Stunde gelesen. Doch wie sieht es mit der Menschenwürde am Ende des Lebens aus? Ein Gedicht soll uns dabei zum Nachdenken bringen...*
SuS lesen das Gedicht von Walter Jens in Sb S.54.
L: *Lies das Gedicht von Walter Jens. Beschreibe deine ersten Eindrücke zu diesem Text. (A1)*
L: *Betrachte das Bild und skizziere Gedanken der Frau am Bett. (A2)*
SuS äußern sich zu beiden Fragen im Unterrichtsgespräch.

Erarbeitung

L: *Ein würdevolles Lebensende. Wie könnte dies aussehen? Welche Fragen ergeben sich hierbei?*
SuS lesen Sb S.54 und fassen die Formen der Sterbehilfe mit eigenen Worten nochmals zusammen.
L: *Die Kirche bezieht zur Frage, ob und welche Formen der Sterbehilfe möglich sein sollen, folgende Position:*
SuS lesen den Text im gelben Kasten (Sb S.55).
L: *Nimm Stellung zur Position der katholischen Kirche.*

Vertiefung

L: *Aber gibt es nicht doch Gründe, die die Möglichkeit, selbstbestimmt das Sterben zu entscheiden, verständlich machen und rechtfertigen?*
SuS lesen die drei Fallbeispiele in Sb S.55.
L: *Setzt euch mit den geschilderten Fällen auseinander: Wie würdet ihr in dieser Situation als Betroffene/Betroffener, Angehörige/Angehöriger und Ärztin/Arzt handeln? Begründet eure Entscheidungen. (A4)*
L: *SuS antworten im Unterrichtsgespräch.*

Transfer

L zeigt die Karikatur (M1).
SuS erklären sie.
L: *Sterbehilfe – ja oder nein? Führt, ausgehend von dieser Karikatur, ein Schreibgespräch über diese Frage. (A5)*
SuS gehen in Kleingruppen zusammen und führen ein Schreibgespräch.

Hausaufgabe

L: Recherchiere im Internet über die gesetzlichen Regelungen zur Sterbehilfe in Deutschland und anderen europäischen Ländern, z.B. Niederlande oder Schweiz. Informiere dich auch über (kirchliche) Hospizarbeit und Palliativmedizin. (A3)

Warum gerade ich? (Sb S. 56/57)

Inhaltsbezogene Kompetenzen

Die Schülerinnen und Schüler können eine kirchliche Position zu einer individualethischen und zu einer sozialethischen Fragestellung prüfen, beurteilen oder sich damit auseinander setzen (z. B. Schwangerschaftsabbruch, Krankheit, Sterbehilfe; Krieg und Frieden, Gerechtigkeit).

Vorbereitung

L kopiert Satzanfänge (KV 11) mehrfach für alle Schüler.
L besorgt Trailer der Serie „Club der roten Bänder" (zu finden z. B. auf YouTube).

Einstimmung

L verteilt die Satzanfänge (KV 11, angelehnt an Sb S. 56) an alle Schüler.
SuS ergänzen den Satz nach ihren Vorstellungen und lesen ihren kompletten Satz vor.
L: *Alle eure Antworten sind richtig. Es gibt aber eine Antwort, die auf alle diese Sätze passen könnte: „Warum gerade ich?"*

Erarbeitung

SuS lesen nochmals die Sätze „Warum gerade ich, ...?" (gelber Kasten im Sb S. 56).
L: *„Warum gerade ich?" Schreibe den Text im gelben Kasten weiter, indem du dir diese Frage stellst. (A1)*
SuS schreiben den Text in Einzelarbeit weiter und tragen ihre Ergänzungen in der Klasse vor.
L: *„Warum gerade ich?" Diese Frage dürften sich auch sechs Jugendliche stellen, die ich euch gerne vorstellen möchte.*
L zeigt den Serientrailer, SuS äußern sich spontan dazu und lesen anschließend Sb S. 56/57.

Vertiefung

L: *„... man kann seine Tage beeinflussen, es kommt darauf an, was man daraus macht." So endet Hugos Zitat. Erinnere dich an eine Situation zurück, bei der du dich fragtest: „Warum gerade ich?" Jeder hatte und hat sicherlich solche Momente. Schreibe für dich in Ruhe auf, was dir helfen kann, gut mit dieser Situation umzugehen.*
SuS arbeiten für sich.
L: *Wer möchte, darf seinen Text gerne vorlesen.*

Transfer

L: *Manchen hilft in solchen Momenten auch ihr Glaube. Und vielleicht kann folgende biblische Geschichte dabei Kraft geben.*
SuS lesen Joh 5,1–16 gemeinsam
L: *Setze den Text in Beziehung zu den Inhalten dieser Doppelseite, indem du erklärst, wie diese Erzählung Kranken Mut machen kann. (A3)*
SuS stellen einen Zusammenhang her.
L: *Bereits zur Zeit Jesu waren Kranke außen vor. In unserer Gesellschaft scheint auch nur der etwas zu zählen, der gesund und fit ist – Gesundheitswahn und Fitnesstrends nehmen stetig zu. Interpretiere in diesem Zusammenhang das Zitat von Werner Mitsch. (A5)*
SuS äußern sich dazu.

Krieg und Frieden (Sb S.58/59)

Inhaltsbezogene Kompetenzen

Die Schülerinnen und Schüler können eine kirchliche Position zu einer individualethischen und zu einer sozialethischen Fragestellung prüfen, beurteilen oder sich damit auseinander setzen(z.B. Schwangerschaftsabbruch, Krankheit, Sterbehilfe; Krieg und Frieden, Gerechtigkeit).

Vorbereitung

L gibt im Internet bei einer Bildersuche „Kriege in der Welt ein". Als Ergebnis werden Weltkarten angezeigt, auf denen Länder hervorgehoben sind, in denen aktuelle Kriege oder Konflikte herrschen. L deckt die Überschrift und Legenden ab.

Einstimmung

L blendet die Weltkarte digital ein.
SuS rätseln, was die Weltkarte anzeigt.
SuS bringen ihr Vorwissen zu aktuellen Konfliktlagen (z.B. im Nahen Osten) ein. (vgl. A2)

Erarbeitung

L: *Irgendwo auf der Welt kommt es immer zu Kriegen oder Auseinandersetzungen – fast zu jeder Zeit. Lesen wir dazu einige Zitate.*
SuS lesen die Zitate in Sb S.58.
L: *Lies die Zitate zum Thema Frieden und Krieg und erläutere sie mit eigenen Worten. (A1)*
SuS lesen den Text „Krieg und Frieden" (Sb S.58).
L: *Erstelle eine Mindmap, aus der hervorgeht, aus welchen unterschiedlichen Gründen heraus Menschen Krieg führen. (A3)*
SuS erstellen die Mindmap in Partnerarbeit und stellen ihr Ergebnis in der Klasse vor.

Vertiefung

L: *Menschen führen leider Kriege. In der Kirchengeschichte gibt es den Begriff eines „gerechten Krieges". Erörtert in der Gruppe, was der Begriff bedeuten könnte und ob bzw. wann ein Krieg gerecht oder gerechtfertigt sein kann. Bezieht dazu eure Arbeitsergebnisse von der Vorgängerseite ein. (A3)*
SuS gehen in Kleingruppen zusammen und bearbeiten die Aufgabe.
L: *Kriege müssen beendet werden – doch ist allein dann schon Friede, wenn „nur" die Waffen ruhen? Papst Franziskus fasst den Friedensbegriff weiter*
…
SuS lesen Sb S.59.
L: *Beschreibe das Foto und skizziere seine Aussage. (A1)*

Transfer

L: *In der jüngeren Zeit ist auch immer wieder vom „gerechten Frieden" die Rede. Stellt – auch im Rückgriff auf den Text von Papst Franziskus – dar, wie der „Friede" hier zu verstehen ist. Entwickelt anschließend Konsequenzen aus dieser Betrachtungsweise. (A4)*
SuS äußern sich im Unterrichtsgespräch.

Gestaltung/Hausaufgabe

L: *Erstelle ein Plakat zum Begriff „Frieden". Suche dazu auch nach verwandten Begriffen. (A1)*

Weltethos (Sb S.60/61)

Inhaltsbezogene Kompetenzen

Die Schülerinnen und Schüler können sich am Beispiel des „Projekts Weltethos" mit christlicher Weltverantwortung auseinandersetzen.

Vorbereitung

L hält kleine Kärtchen aus Karton bereit.

Einstimmung/Anknüpfung

L schreibt an die Tafel die Worte Hans Küngs: „Kein Friede unter den Nationen ohne Friede unter den Religionen.

SuS nehmen Bezug zu diesem Zitat und verknüpfen es mit dem Inhalt der Vorstunde.

Erarbeitung

L: *Aber wie kann Friede unter den Religionen möglich sein? Gibt es eine Grundlage, auf der alle Religionen zusammenkommen und sich verständigen können? Ein Mann machte sich darüber besonders Gedanken…*
SuS lesen die Zitate Sb S.60.
L: *Erkläre das Zitat von Hans Küng und erläutere, was mit einem Weltethos gemeint sein könnte. Beziehe das Bild auf S.61 in deine Überlegungen mit ein. (A1)*
SuS äußern sich im Unterrichtsgespräch.
L: *Es braucht also bestimmte Werte, ein Weltethos, dem alle Religionen und Menschen grundsätzlich zustimmen können.*
L: *Erarbeitet in Kleingruppen eine Werte-Sammlung, die für ein Weltethos, an dem sich alle orientieren können, unabdingbar sind. Erörtert eure Ergebnisse in der Gruppe und erstellt anschließend eine gemeinsame Sammlung. (A2)*

Vertiefung

L: *Ihr habt euch überlegt, welche Werte bei einem Weltethos unbedingt gelten sollten.*
L: *Zeigt Konsequenzen auf, die daraus entstehen können, dass das „Weltethos gelebt werden muss". (A3)*
SuS nehmen Stellung dazu.

Transfer

L: *Das Projekt „Weltethos" bewirkte auch, dass sich Angehörige verschiedener Religionen näherkommen und miteinander beten, auch um den Frieden.*
L: *Lies die Gebete. Entdecke darin konkrete Ansätze und Beispiele, wie Friede und Weltethos gelebt werden können. (A1)*
SuS äußern sich.
L: *Verfasse selbst ein Gebet, das Bezug nimmt auf die ethischen* Herausforderungen, *die in diesem Kapitel angesprochen werden. (A2)*
L teilt die Kärtchen aus, SuS schreiben ihre Gebete darauf. Die Karten können im Klassenzimmer oder im Schulhaus aufgehängt werden.

Ein bisschen flunkern …?

Lies dir die Situationen durch und kreuze an, ob du lügen würdest oder nicht.

Ja	Nein	Situation	Begründung
☐	☐	Du kommst zu spät in die Schule, weil du verschlafen hast. Der Lehrer ist sauer. Würdest du dich herausreden: „Der Bus hatte Verspätung"?	
☐	☐	Deine beste Freundin hat eine neue Jeans, in der sie wirklich nicht gerade vorteilhaft aussieht. Sie fragt dich nach deiner Meinung. Würdest du sagen: „Du siehst toll darin aus"?	
☐	☐	Du bist bei deiner Oma zum Kuchenessen eingeladen. Der Kuchen schmeckt dir überhaupt nicht. Sagst du ihr, wie er dir wirklich schmeckt?	
☐	☐	Dein Bruder kommt mit einer schlechten Note nach Hause und droht mit dieser Note durchzufallen. Er bittet dich, euren Eltern nichts zu sagen. Sagst du es ihnen dennoch?	
☐	☐	Du bist zu Besuch bei deinem vierjährigen Cousin. Du weißt, dass du ihn jetzt für längere Zeit nicht sehen wirst. Er fragt dich, ob du bald wieder zu ihm kommst und mit ihm spielst. Sagst du ihm die Wahrheit?	

Amos kritisiert …

[9] Ruft es aus über den Palästen von Aschdod / und über den Palästen in Ägypten!

Sagt: Versammelt euch auf den Bergen von Samaria, / seht das wilde Treiben in ihrer Mitte / und die Unterdrückung in ihrem Innern!

[10] Sie kennen die Rechtschaffenheit nicht / - Spruch des HERRN -,

sie häufen Gewalt und Unterdrückung / in ihren Palästen auf.

[11] Darum - so spricht GOTT, der Herr: / Ein Feind wird das Land umzingeln;

er wird deine Macht niederreißen / und deine Paläste werden geplündert.

[12] So spricht der HERR: / Wie ein Hirt aus dem Rachen des Löwen

nur noch zwei Wadenknochen rettet / oder den Zipfel eines Ohres,

so werden Israels Söhne gerettet, / die in Samaria auf ihrem Diwan sitzen / und auf ihren Polstern aus Damast.

[13] Hört und bezeugt es dem Haus Jakob / - Spruch GOTTES, des Herrn, des Gottes der Heerscharen:

[14] Ja, an dem Tag, an dem ich Israel / für seine Verbrechen heimsuche, / werde ich die Altäre von Bet-El heimsuchen;

die Hörner des Altars werden abgehauen / und fallen zu Boden.

[15] Ich zerschlage den Winterpalast und den Sommerpalast, / die Elfenbeinhäuser werden verschwinden

und mit den vielen Häusern ist es zu Ende / - Spruch des HERRN.
Amos 3,9–15

Missachtung von Gerechtigkeit

Menschenhandel

Scheinfrömmigkeit

Betrug beim Handel

Unterdrückung der Armen und Schwachen

Luxus der Reichen

Bestechlichkeit

Gier und Gewinnsucht

1 Lies Amos' Worte gegen Israel. Arbeite heraus, welche Verse die benannten Ungerechtigkeiten auf der rechten Seite beschreiben. Verbinde die Textstelle mit der entsprechenden Ungerechtigkeit.

Autor: Johannes Michalski
Textquelle: Die Bibel. Einheitsübersetzung der Heiligen Schrift, vollständig durchgesehene und überarbeitete Ausgabe © 2016 Katholische Bibelanstalt, Stuttgart

Klett

Satzanfänge

Der Junge, der unter einer schweren Neurodermitis leidet, fragt sich …

_____

_____

_____

Das Mädchen, das Leukämie bekommen hat, fragt sich …

_____

_____

_____

Der Teenager, der an Depressionen erkrankt ist, fragt sich …

_____

_____

_____

Die Mutter, die ein behindertes Kind zur Welt bekommen hat, fragt sich …

_____

_____

_____

Der junge Sportler, der nach einem Unfall gelähmt im Rollstuhl sitzt, fragt sich …

_____

_____

_____

Ein Vater, der nach einem Schlaganfall auf ständige Pflege angewiesen ist, fragt sich …

_____

_____

_____

Die Rentnerin, die die Diagnose fortschreitende Demenz erhält, fragt sich …

_____

_____

_____

3. Bibel

Inhaltsbezogene Kompetenzen des Kapitels

Die Schülerinnen und Schüler können erläutern, dass die Bibel eine Sammlung von Glaubenszeugnissen ist. Sie können Möglichkeiten aufzeigen, wie biblische Texte erschlossen werden können. Sie können biblische Texte mit aktuellen Fragestellungen in Beziehung setzen.

Bibel (Sb S. 63)

Inhaltsbezogene Kompetenzen

Die Schülerinnen und Schüler können an einem Beispiel darstellen, erläutern oder entfalten, dass biblische Texte eine Glaubensperspektive voraussetzen.

Vorbereitung

L bringt für einen Flohmarkt typische Gegenstände mit, z.B. Bücher, CDs, Vasen, Dekoartikel, kleine Preisschilder usw. sowie eine Bibel.
L bereitet einen „Flohmarkttisch" vor und deckt ihn zunächst ab.

Motivation

L deckt den Flohmarkttisch auf.
SuS stellen Vermutungen an.
L: *Berichtet davon, ob ihr schon einmal auf einem Flohmarkt wart und welche Dinge dort angeboten wurden. Überlegt, warum Menschen dort Sachen verkaufen.*
SuS äußern sich dazu.

Themenfindung

L legt stumm die Bibel auf den Flohmarkttisch und blendet das Bild von Sb S. 63 ein.
L: *Betrachte das Bild und lasse es auf dich wirken. Erkläre, was der Fotograf damit aussagen könnte. (A1)*
SuS betrachten zunächst das Bild und beschreiben, was sie sehen.
L: *Nimm Stellung dazu, wie mit der Bibel auf diesem Bild umgegangen wird. (A2)*
SuS beziehen Stellung und nehmen eventuell Bezug, wie Schüler oftmals mit Schulbibeln umgehen.

Erarbeitung

L: *Die Bibel – und du? Erinnere dich an besondere Geschichten und eigene Erfahrungen mit der Bibel. Welche biblische Geschichte ist deine Lieblingsgeschichte? Tauscht euch dann darüber in der Gruppe aus. (A3)*
SuS gehen in Kleingruppen zusammen und tauschen sich über ihre Erfahrungen aus.

Transfer

L: *Ihr habt euch über eure Erfahrungen mit der Bibel ausgetauscht.*
L: *Menschen kaufen auch heute noch Bibelausgaben – oftmals auch gebrauchte. Das geschieht mittlerweile am einfachsten über Online-Inserate …*
L teilt das AB „Kleinanzeigen" (KV 12) aus.
SuS bearbeiten die zwei Aufgaben in Einzelarbeit und stellen anschließend ihre Ergebnisse vor.

Gott hat einen Namen (Sb S. 64/65)

Inhaltsbezogene Kompetenzen

Die Schülerinnen und Schüler können an einem Beispiel darstellen, erläutern oder entfalten, dass biblische Texte eine Glaubensperspektive voraussetzen (z. B. an Ex 3,1–22; Ps 18; Ps 104).

Vorbereitung

L bereitet eine PowerPoint-Folie vor, bei der sein Name und der Name aller SuS nacheinander erscheinen.
Beim letzten Klick schließlich erscheint der Name „Ich bin, der ich bin" in der Folienmitte.
L hält Bibelausgaben bereit.

Motivation

L lässt nacheinander alle Namen in der Präsentation erscheinen.
SuS erkennen, dass es sich um ihre eigenen Namen handelt.
L: *Gefällt dir dein eigener Name? Was bedeutet er (dir)? Beschreibe. (A1)*
SuS äußern sich dazu.

Hinführung

L: *Ich möchte euch jetzt einen weiteren Namen vorstellen, einen eher ungewöhnlichen Namen.*
L blendet den Namen „Ich bin, der ich bin" ein.
SuS äußern sich zu diesem Namen.
L: *Um den, der hinter diesem Namen steht und gleichsam doch auch in unserer Mitte anwesend ist, geht es im Buch auf S. 64.*
SuS lesen den ersten Abschnitt, anschließend die Bibelstelle. Danach werden die weiteren Abschnitte auf S. 64 gelesen.

Erarbeitung

L: *Gott sagt Mose: Ich bin für Israel da. Das Ereignis dieser Zusage hat der Künstler Marc Chagall in einem Bild festgehalten.*
L: *Beschreibe anhand des Bildes, wie sich Gott am Dornbusch zeigt. Arbeite aus dem Gemälde weitere Ereignisse aus dem Leben von Mose heraus. (A2)*
SuS beschreiben das Bild.
L: *Lies nun die dazugehörige Bibelstelle Ex 3,1–9 (M1) und vergleiche sie mit dem Bild. An welcher Stelle zeigt sich, dass Gott für Israel da ist?*
SuS bearbeiten die Aufgabe in PA, Ergebnisse werden ins Plenum getragen.

Transfer

L: *Gott stellt sich Mose als Gott seiner Väter vor. Die Zusage und das Dasein Gottes für die Israeliten werden aber noch in anderen Sprachbildern deutlich.*
SuS lesen Sb S. 65 und beantworten A1.
L: *So wie Gott auf vielfältige Weise für die Menschen Israels da ist, ist er auch für jeden einzelnen von uns da.*
L: *Lies den Auszug aus dem Gedicht von Anton Kner und entwirf weitere Strophen, indem du es weiterführst: „Ich bin da, …". (A2)*
SuS verfassen weitere Strophen und tragen sie vor.

Material 1

Moses Berufung

[1] Mose weidete die Schafe und Ziegen seines Schwiegervaters Jitro, des Priesters von Midian. Eines Tages trieb er das Vieh über die Steppe hinaus und kam zum Gottesberg Horeb. [2] Dort erschien ihm der Engel des HERRN in einer Feuerflamme mitten aus dem Dornbusch. Er schaute hin: Der Dornbusch brannte im Feuer, aber der Dornbusch wurde nicht verzehrt. [3] Mose sagte: Ich will dorthin gehen und mir die außergewöhnliche Erscheinung ansehen. Warum verbrennt denn der Dornbusch nicht? [4] Als der HERR sah, dass Mose näher kam, um sich das anzusehen, rief Gott ihm mitten aus dem Dornbusch zu: Mose, Mose! Er antwortete: Hier bin ich. [5] Er sagte: Komm nicht näher heran! Leg deine Schuhe ab; denn der Ort, wo du stehst, ist heiliger Boden. [6] Dann fuhr er fort: Ich bin der Gott deines Vaters, der Gott Abrahams, der Gott Isaaks und der Gott Jakobs. Da verhüllte Mose sein Gesicht; denn er fürchtete sich, Gott anzuschauen. [7] Der HERR sprach: Ich habe das Elend meines Volkes in Ägypten gesehen und ihre laute Klage über ihre Antreiber habe ich gehört. Ich kenne sein Leid. [8] Ich bin herabgestiegen, um es der Hand der Ägypter zu entreißen und aus jenem Land hinaufzuführen in ein schönes, weites Land, in ein Land, in dem Milch und Honig fließen, in das Gebiet der Kanaaniter, Hetiter, Amoriter, Perisiter, Hiwiter und Jebusiter. [9] Jetzt ist die laute Klage der Israeliten zu mir gedrungen und ich habe auch gesehen, wie die Ägypter sie unterdrücken.
2. Mose 3,1–9

Mose erhält einen Auftrag (Sb S. 66/67)

Inhaltsbezogene Kompetenzen

Die Schülerinnen und Schüler können an einem Beispiel darstellen, erläutern oder entfalten, dass biblische Texte eine Glaubensperspektive voraussetzen (z. B. an Ex 3,1–22; Ps 18; Ps 104).

Motivation

L blendet das Bild „Sisyphos" aus dem Sb S. 67 digital ein – zunächst, ohne auf die Person des Sisyphos einzugehen.

SuS äußern sich spontan dazu.

L: *Einen großen, schweren Stein einen Berg hochrollen – das ist eine schwere Aufgabe.*

Erzähle von einer großen Aufgabe, vor der du in letzter Zeit gestanden hast. Beschreibe die Gefühle, die du dabei hattest. (A1)

Hinführung

L: *Der Mann auf dem Bild soll Sisyphos sein, eine griechische Sagengestalt, die dazu verdammt ist, auf ewig einen Stein einen Berg hinaufzurollen. Der Felsen rollt aber – oben angekommen – immer wieder hinunter. Entfalte, wie das Bild seine Gefühle darstellt. (vgl. A4)*

L: *Ganz andere Gefühle – oder vielleicht auch ähnliche – wird Mose gehabt haben, als er von Gott eine große Aufgabe erhielt.*

Erarbeitung

SuS lesen Sb S. 66 mit verteilten Rollen.

L: *Arbeite aus beiden Texten die Bedenken Moses heraus. Erläutere, was hinter diesen Bedenken stehen könnte. (A2)*

SuS arbeiten die Bedenken Moses in PA mithilfe des AB „Mose erhält einen Auftrag" (KV 13; Lösung: KV 14) heraus.

SuS tragen ihre Ergebnisse im Plenum vor.

Transfer

L: *Verfasse ein Schreiben, in dem sich Mose über den zu schweren Auftrag beklagt. (A3)*

SuS setzen diese Aufgabe kreativ um und präsentiere ihre Texte.

L: *Trotz dieser Zweifel erhält Mose Gottes Zusicherung, dass er ihm bei seiner Aufgabe beistehen werde.*

L: *Überprüfe die Aussage, nach der die Texte über die Begegnung des Mose mit Gott einen tiefen Glauben voraussetzen. (A8)*

SuS äußern sich im Unterrichtsgespräch dazu.

Klagen, loben, staunen (Sb S.68/69)

Inhaltsbezogene Kompetenzen

Die Schülerinnen und Schüler können an einem Beispiel darstellen, erläutern oder entfalten, dass biblische Texte eine Glaubensperspektive voraussetzen (z. B. an Ex 3,1–22; Ps 18; Ps 104).

Vorbereitung

L lässt Psalm 18 von Sb S.68 von einer sonoren, ruhigen Stimme einsprechen.
L druckt die Verse aus Psalm 104 (Sb S.69) vergrößert aus und schneidet sie aus.

Motivation

L blendet das Bild des Felsens von Sb S.68 ein.
SuS betrachten zunächst das Foto.
L: *Erläutere, inwiefern der Fels ein passendes Bild für Gott ist. (A1)*
SuS äußern sich dazu.
L: *Die Vorstellung von Gott als Fels kommt auch in einem biblischen Psalm zum Ausdruck. Betrachte weiterhin das Foto und höre dem Psalm nun aufmerksam zu.*
L spielt Psalm 18 vor.
L: *An welche Worte kannst du dich spontan erinnern?*

Erarbeitung

L: *Wir wollen diesen Psalm noch einmal bewusst für uns lesen.*
SuS lesen den Psalm im Sb S.68.
L: *Gott wird in diesem Psalm mit vielen bildhaften Ausdrücken gelobt. Arbeite aus dem Ausschnitt von Psalm 18 die Bilder heraus, mit denen Gott beschrieben wird. Stelle Vermutungen darüber an, in welcher Situation der Psalmist seinen Text geschrieben hat und was er damit ausdrücken wollte. (A2)*
SuS bearbeiten in PA mithilfe des AB „Klagen, loben, staunen" (KV 15) die Aufgabe und besprechen die Ergebnisse (KV 16) im Plenum.

Vertiefung

L: *Gott wird nicht nur für seine Treue und Hilfe gelobt, sondern auch für die Schöpfung, für alles, was auf der Erde ist.*
SuS lesen Auszüge aus Ps 104 im Sb S.69.
L: *Erkläre, wie in den Versen aus Psalm 104 die Faszination über die Schöpfung zum Ausdruck kommt. (A2).*
L heftet die ausgeschnittenen Psalmverse mit einem Magnet an die Seitentafel.
L bittet einzelne SuS nacheinander an die Tafel: Wähle dir vier Sätze aus und setze die Bilder mit deiner Erfahrungswelt in Beziehung. (A1)
SuS wählen sich ihre Sätze aus, die ihnen persönlich zusagen, heften sie in die Tafelmitte und begründen ihre Auswahl.

Transfer/Gestaltung

L: *Bereits aus diesen vier Sätzen entsteht ein kleines Gedicht. Gestalte – ausgehend von den Worten des Psalms 104 – ein Gedicht zum Thema „Schöpfung", in dem du deine Ansicht über die Schöpfung in eigene Worte fasst. (A4)*
SuS verfassen ein Gedicht und tragen es in der Klasse vor.
L: *Nachdem wir einige Verse aus der Bibel und unsere eigenen Gedichte gehört haben: Welche Glaubensperspektive geht den dargestellten Psalmen voraus? (vgl. A5)*
SuS nehmen Stellung.

Im Bilde sein (Sb S.70/71)

Inhaltsbezogene Kompetenzen

Die Schülerinnen und Schüler können an Beispielen zeigen, wie biblische Texte oder Motive aufgegriffen werden (z.B. in Werbung, Musik, bildender Kunst, Film, Literatur).

Vorbereitung

L bringt eine kleine Leiter in die Stunde mit (beim Hausmeister anfragen).
L hält Bibeln bereit.

Motivation

L stellt die Leiter augenscheinlich in das Klassenzimmer. SuS äußern sich zunächst spontan dazu (evtl. dürfen SuS unter Hilfestellung und Sicherung des L auch einmal einige Stufen hochgehen) und berichten davon, was es heißt, auf einer Leiter auf und abzusteigen.

Hinführung

L: *Leitern sind nach oben ausgerichtet und dienen dazu, an etwas zu kommen, das man ansonsten nicht erreicht. Wer auf eine Leiter steigt, geht auch ein Risiko ein ..., aber wenn man oben ist, verändert sich der Blick ...*
L: *Um ganz bestimmte Leitern, nämlich um Himmelsleitern, geht es in dieser Stunde.*

Erarbeitung

SuS lesen Sb S.70.
L: *Betrachte und beschreibe das Gemälde von Marc Chagall. (A1)*
L: *Dieses Gemälde kann man nur schwer verstehen, wenn man die biblische Geschichte dazu nicht kennt.*
SuS lesen Gen 28,10–22 und wiederholen die Geschichte mit eigenen Worten.
L: *Interpretiere nun das Gemälde, nachdem du die Geschichte dazu gehört hast. (vgl. A3)*

Vertiefung

L: *Viele Künstler verarbeiten das Motiv der Himmelsleiter. Beschreibt das Kunstwerk von Bernhard Gerber. Vergleicht es mit dem Bild von Marc Chagall. (A1)*
SuS vergleichen die Bilder.
L: *Symbolisch verbindet die Himmelsleiter Erde und Himmel. Lies das Gedicht „Himmelsleiter". Überlege, welches Bild durch die Zeilen erzeugt wird. Entwirf ein Bild um diese Worte. (A2)*
SuS äußern sich dazu.

Gestaltung/Hausaufgabe

L: *Gestaltet in Kleingruppen zu dieser oder einer anderen euch bekannten biblischen Geschichte ein (abstraktes) Kunstwerk. Stellt euch dieses in einem Gallery Walk gegenseitig vor. (A3)*

Biblische Motive in der Musik (Sb S.72/73)

Inhaltsbezogene Kompetenzen

Die Schülerinnen und Schüler können an Beispielen zeigen, wie biblische Texte oder Motive aufgegriffen werden (z.B. in Werbung, Musik, bildender Kunst, Film, Literatur).

Vorbereitung

L besorgt die zwei Lieder „Halleluja" und „Hymn".
L hält Bibeln bereit.

Motivation

L spielt den SuS zunächst das Lied „Halleluja" vor.
L: *Lasst das Lied beim Hören zunächst auf euch wirken, versucht aber auch einmal, auf den Inhalt zu achten.*
SuS äußern sich dazu.

Hinführung

L: *Sicherlich ist euch das Wort „Halleluja" aufgefallen. Das Lied, das von vielen Künstlern gecovert wird, hat anscheinend etwas mit der Bibel zu tun. Musiker greifen nämlich immer wieder gerne Motive aus der Bibel auf. Davon lesen wir im Sb S.72.*
SuS lesen „Biblische Motive in der Musik" (Sb S.72).

Erarbeitung

L: *Ich möchte euch die ersten beiden Strophen von „Halleluja" noch einmal vorspielen. Lest dazu den Liedtext im gelben Kasten (Sb S.72) mit.*
L spielt die ersten beiden Strophen des Liedes nochmals vor. (vgl. A1)
L: *Obwohl das Lied so bekannt ist, kennen die Wenigsten die biblischen Stellen, die in dem Lied vorkommen.*
L: *Klärt anhand folgender Bibelstellen die Anspielungen im Lied von Leonard Cohen: 1 Sam 16,14–23; 2 Sam 11,1–5; Ri 16,4–19 (M1).*
SuS bearbeiten die Aufgabe in PA mithilfe des AB. Ergebnissicherung im Plenum.

Vertiefung

L: *Während „Halleluja" etwas versteckt auf das AT Bezug nimmt, geht es im Lied „Hymn" ganz eindeutig um das Leben von Jesus Christus.*
L spielt das Lied vor, SuS lesen im Sb S.73 mit.
L: *Arbeite heraus, welche Teile des christlichen Credos (= Glaubensbekenntnis) im Song „Hymn" vorkommen. (A1)*
SuS bearbeiten die Aufgabe zunächst allein.
L kann im Unterrichtsgespräch besonders auf folgende Sätze lenken:
„Jesus came down from Heaven to earth",
„The people said it was a virgin birth",
„And said he was the saviour of us all",
„For this we killed him, nailed him up high",
„Then he ascended into the sky".

Transfer

L: *Gestaltet in Kleingruppen zu einer bekannten Melodie ein eigenes Lied mit biblischem Hintergrund oder biblischen Motiven. (A3)*
Hinweis: Damit die Schüler genügend Zeit haben, sollte dazu die Folgestunde zur Verfügung stehen. Sollten die Schüler keine eigene Melodie finden, würde sich hier auch die Instrumentalmusik von Cohens „Halleluja" anbieten.

Material 1

1 Sam 16,14–23: David im Dienst Sauls

[14] Der Geist des HERRN war von Saul gewichen und ein böser Geist vom HERRN verstörte ihn. [15] Da sagten die Diener Sauls zu ihm: Du siehst, ein böser Geist Gottes verstört dich. [16] Darum möge unser Herr seinen Knechten, die vor ihm stehen, befehlen, einen Mann zu suchen, der die Leier zu spielen versteht. Sobald dich der böse Geist Gottes überfällt, soll er spielen; dann wird es dir wieder gut gehen. [17] Saul sagte zu seinen Dienern: Seht euch für mich nach einem Mann um, der gut spielen kann, und bringt ihn her zu mir! [18] Einer der jungen Männer antwortete: Ich kenne einen Sohn des Betlehemiters Isai, der zu spielen versteht. Und er ist tapfer und ein guter Krieger, wortgewandt, von schöner Gestalt und der HERR ist mit ihm. [19] Da schickte Saul Boten zu Isai und ließ ihm sagen: Schick mir deinen Sohn David, der bei den Schafen ist! [20] Isai nahm einen Esel, dazu Brot, einen Schlauch Wein und ein Ziegenböckchen und schickte seinen Sohn David damit zu Saul. [21] So kam David zu Saul und trat in seinen Dienst; Saul gewann ihn sehr lieb und David wurde sein Waffenträger. [22] Darum schickte Saul zu Isai und ließ ihm sagen: David soll in meinem Dienst bleiben; denn er hat mein Wohlwollen gefunden. [23] Sooft nun ein Geist Gottes Saul überfiel, nahm David die Leier und spielte darauf. Dann fühlte sich Saul erleichtert, es ging ihm wieder gut und der böse Geist wich von ihm.

2 Sam 11,1–5: David, Batseba und Urija

[1] Um die Jahreswende, zu der Zeit, in der die Könige in den Krieg ziehen, schickte David Joab mit seinen Knechten und ganz Israel aus und sie verwüsteten das Land der Ammoniter und belagerten Rabba. David selbst aber blieb in Jerusalem. [2] Als David einmal zur Abendzeit von seinem Lager aufstand und auf dem Flachdach des Königspalastes hin- und herging, sah er von dort aus eine Frau, die badete. Die Frau war sehr schön anzusehen. [3] David schickte jemand hin, erkundigte sich nach ihr und sagte: Ist das nicht Batseba, die Tochter Ammiëls, die Frau des Hetiters Urija? [4] Darauf schickte David Boten zu ihr und ließ sie holen; sie kam zu ihm und er schlief mit ihr – sie hatte sich gerade von ihrer Unreinheit gereinigt. Dann kehrte sie in ihr Haus zurück. [5] Die Frau war aber schwanger geworden und schickte deshalb zu David und ließ ihm mitteilen: Ich bin schwanger.

Ri 16, 4–19: Simson und Delila

[4] Danach geschah es, dass er sich in eine Frau im Tal Sorek verliebte; sie hieß Delila. [5] Die Fürsten der Philister kamen zu ihr hinauf und sagten zu ihr: Versuch ihn zu betören und herauszufinden, wodurch er so große Kraft besitzt und wie wir ihn überwältigen und fesseln können, um ihn zu bezwingen! Jeder von uns gibt dir dann elfhundert Silberstücke. [6] Darauf sagte Delila zu Simson: Sag mir doch, wodurch du so große Kraft besitzt und wie man dich fesseln kann, um dich niederzuzwingen. [7] Simson sagte zu ihr: Wenn man mich mit sieben frischen Sehnen fesselt, die noch nicht getrocknet sind, dann werde ich schwach und bin wie jeder andere Mensch. [8] Die Fürsten der Philister brachten ihr also sieben frische Sehnen, die noch nicht getrocknet waren, und sie fesselte ihn damit, [9] während man bei ihr in der Kammer saß und lauerte. Dann rief sie ihm zu: Philister über dir, Simson! Er aber zerriss die Sehnen, wie ein Zwirnfaden reißt, wenn er Feuer nur riecht. Doch das Geheimnis seiner Kraft wurde nicht bekannt. [10] Darauf sagte Delila zu Simson: Du hast mich getäuscht und mir etwas vorgelogen. Sag mir doch endlich, womit man dich fesseln kann! [11] Er erwiderte ihr: Wenn man mich mit neuen Stricken fesselt, mit denen noch keine Arbeit getan worden ist, werde ich schwach und bin wie jeder andere Mensch. [12] Delila nahm also neue Stricke und band ihn damit. Dann rief sie ihm zu: Philister über dir, Simson, während man in der Kammer saß und lauerte. Er aber riss die Stricke von seinen Armen wie Fäden. [13] Darauf sagte Delila zu Simson: Bis jetzt hast du mich getäuscht und mir etwas vorgelogen. Sag mir doch, womit man dich fesseln kann! Er erwiderte ihr: Wenn du die sieben Locken auf meinem Kopf mit den Kettfäden des Webstuhls verwebst. [14] Sie schlug sie mit dem Pflock fest. Dann rief sie ihm zu: Philister über dir, Simson! Er fuhr aus dem Schlaf hoch und riss den Webepflock mit den Kettfäden heraus. [15] Darauf sagte sie zu ihm: Wie kannst du sagen: Ich liebe dich!, wenn mir dein Herz nicht gehört? Jetzt hast du mich dreimal getäuscht und mir nicht gesagt, wodurch du so große Kraft besitzt. [16] Und es geschah, als sie ihm mit ihrem Gerede jeden Tag zusetzte und ihn bedrängte, wurde er es zum Sterben leid; [17] er legte ihr sein ganzes Herz offen und sagte zu ihr: Kein Schermesser ist mir auf den Kopf gekommen; denn ich bin vom Mutterleib an Gott als Nasiräer geweiht. Würden mir die Haare geschoren, dann würde meine Kraft von mir weichen; ich würde schwach und wäre wie jeder andere Mensch. [18] Da sah Delila, dass er ihr sein ganzes Herz offengelegt hatte. Sie schickte hin und rief die Philisterfürsten und ließ ihnen sagen: Kommt diesmal her! Denn er hat mir sein ganzes Herz offengelegt. Die Philisterfürsten kamen zu ihr herauf und brachten das Geld mit hinauf. [19] Delila ließ Simson auf ihren Knien einschlafen, rief nach dem Mann und schnitt dann die sieben Locken auf seinem Kopf ab. So begann sie ihn zu überwinden und seine Kraft wich von ihm.

Bibel sells (Sb S.74/75)

Inhaltsbezogene Kompetenzen

Die Schülerinnen und Schüler können an Beispielen zeigen, wie biblische Texte oder Motive aufgegriffen werden (z. B. in Werbung, Musik, bildender Kunst, Film, Literatur).

Vorbereitung

L sucht im Internet unter dem Suchbegriff „religiöse/biblische Werbung" nach Werbebildern, die sich biblischer Motiven bedienen. Als Provokation eignen sich auch die Jesus-Darstellungen bei Alexander Kosolapov.
L erstellt aus dem Zitat (Sb S.74) und den verschiedenen Werbebildern eine PowerPoint-Präsentation.

Motivation

L blendet zunächst den ersten Satz des Zitats ein: „Die Bibel sagt: Geben ist seliger als nehmen."
SuS äußern sich spontan dazu.
L blendet nun den zweiten Satz ein: „Wir sagen: greifen Sie trotzdem zu."
SuS überlegen, wer diesen Ausspruch verwenden könnte.

Hinführung

L blendet nun nacheinander die verschiedenen Werbebilder ein.
L: *Betrachte die Fotos. Erläutere, in welchem Verhältnis Religion und Werbung hier stehen. (A1)*
SuS nehmen Stellung.

Erarbeitung

SuS lesen „Bibel sells" (Sb S.74/75).
L: *Formuliere Fragen an den/die verantwortliche/n Werbegestalter/in. Notiere auch Fragen an die Gemeinden, die ihre Kirchen für die Werbung vermietet haben. (A2)*
SuS stellen ihre Fragen vor.

Vertiefung

SuS gehen nun in Gruppen zusammen und bearbeiten folgende Aufgaben:
L: *Erörtert in der Gruppe, warum Werbung an solchen Orten stattfindet oder sich religiöser Motive bedient. (A3, S.74)*
L: *Erörtert in der Gruppe, was dafür und dagegen spricht, mit der Bibel Werbung zu machen. Bezieht Stellung dazu. (A2, S.75)*
SuS präsentieren und diskutieren ihre Ergebnisse im Plenum.

Transfer/Gestaltung

L: *Gestalte ein Plakat mit einer Werbebotschaft, die sich auf ein biblisches Motiv bezieht. (A3)*
SuS können sich für diese Aufgabe auch das Handy zu Hilfe nehmen und nach „Bibelsprüchen" suchen.

Was soll ich dazu sagen? (Sb S.76/77)

Inhaltsbezogene Kompetenzen

Die Schülerinnen und Schüler können ausgewählte biblische Texte unter Berücksichtigung der Gattung als Glaubensantworten auf zeitbedingte Anfragen darstellen, erklären oder interpretieren (z.B. 1 Kor 11,17–34).

Motivation

L schreibt ohne Worte folgende Worte an die Tafel: „Missstände/Skandale in der Kirche".
SuS überlegen, welche Missstände aktuell die Kirche überschatten und schreiben diese zum Satz an der Tafel hinzu.

Hinführung

L: *Nicht nur heute gibt es Missstände in der Kirche und in einzelnen Gemeinden. Schon gleich zu Beginn der Kirche drohte ein Streit eine Gemeinde zu spalten ...*
SuS lesen „Was soll ich dazu sagen?" (Sb S.76/77).

Erarbeitung

L: *Fasse den Paulus-Text zusammen. Erkläre die Missstände, die Paulus in der Gemeinde beklagt. (A1)*
L: *Paulus nahm bei seiner Kritik an der Abendmahlspraxis in Korinth kein Blatt vor den Mund ...*
L: *Begründe, warum dieser Brief in die Bibel aufgenommen wurde: Was kann er Menschen außerhalb der Gemeinde von Korinth zu sagen haben? (A2)*
SuS nehmen dazu Stellung.
L: *Deutliche Worte zu Missständen würden auch heute noch gut tun ...*
L: *Geht nun in Kleingruppen zusammen und bearbeitet folgende Aufgaben: Arbeitet heraus, was dieser Brief für Gemeinden heute bedeuten kann. (A3) Sammelt in der Gruppe Beispiele, wo heute ein Riss durch christliche Gemeinden geht. (S.77, A2)*
SuS präsentieren ihre Ergebnisse.

Vertiefung

L: *In jeder Gemeinde kommen Menschen mit unterschiedlichen Charakteren zusammen, da sind Konflikte manchmal vorprogrammiert. Betrachtet aber einmal das Bild auf Sb S.77.*
L: *Arbeite heraus, inwiefern Alfred Schüssler in seinem Bild die Vorstellung Paulus' von einer solidarischen Tischgemeinschaft heute darstellt. (A1)*
SuS diskutieren dies im Unterrichtsgespräch.

Transfer/Gestaltung

L: *Du hast zu Beginn der Stunde von verschiedenen Missständen in der Kirche oder in einer Gemeinde gehört. Stelle dir vor, Paulus würde heute diese Gemeinden beraten. Verfasse dazu eine mögliche Ansprache. (A3)*
SuS bearbeiten die Aufgabe in Einzelarbeit und stellen anschließend ihren Entwurf vor.

Jeder ist ein Teil der Gemeinschaft (Sb S.78/79)

Inhaltsbezogene Kompetenzen

Die Schülerinnen und Schüler können an Beispielen beschreiben, erläutern oder begründen, dass biblische Texte auch heute Bedeutung haben können (z. B. Mt 25,31–40; 1 Kor 12; 1 Kor 13).

Vorbereitung

L setzt ein Puzzle mit nicht allzu vielen Teilen zusammen. drei bis vier Teile werden von SuS in der Stunde ergänzt, ein Teil soll aber fehlen.
L hält Bibeln bereit.

Motivation

L legt das fast vollständige Puzzle aus. Er bittet einen bis zwei SuS, das Puzzle fertig zu stellen.
SuS stellen fest, dass ein Teil fehlt.
L: *Fehlte euch bei einem Puzzle oder Spiel einmal ein Teil? Welche Folgen hat dies? Berichtet.*

Hinführung

L: *Jedes dieser Puzzle-Teile ist anders: in der Größe, Form und Farbe. Alle sind am Ende miteinander verbunden, zusammen ergeben sie ein großes Bild, und man ärgert sich, wenn am Ende ein Teil fehlt ...*
L: *Die Wichtigkeit jedes einzelnen Teilchens drückt der Apostel Paulus mit einem anderen Bild aus.*

Erarbeitung

SuS lesen „Jeder ist ein Teil der Gemeinschaft" (Sb S.78).
L: *Jeder hat besondere Talente und Charismen. Schreibe deine auf. (A1)*
SuS sprechen gemeinsam über ihre jeweiligen Talente
L: *Erläutere, inwiefern das Foto den Bibeltext widerspiegelt. (A2)*
L: *Gestaltet in Kleingruppen ein Plakat, wie ihr eure Fähigkeiten in einer Gemeinschaft, z. B. einer Gemeinde, einem Verein, der Schule ... einbringen könnt. (A3)*
SuS stellen ihre Ergebnisse vor.

Vertiefung

L: *Jeder ist mit seinen Talenten, Charismen und Fähigkeiten für eine Gemeinschaft wichtig. Zwei Texte verdeutlichen das auf unterschiedliche Weise: eine Fabel und ein weiterer Text von Paulus.*
SuS lesen zunächst die Livius-Fabel.
L: *Beschreibe den Inhalt der Fabel mit eigenen Worten. (A1)*
SuS fassen den Inhalt nochmals zusammen.
L kann hier den geschichtlichen Hintergrund ergänzen: Die Fabel geht auf Proteste des einfachen Volkes gegen die Herrschenden zurück. Die Fabel sollte dem Volk verdeutlichen, dass jeder Stand seine Funktion im Staat habe.
L: *Betrachte das Bild und setze es dann mit der Fabel in Beziehung. Beziehe dabei den Titel mit ein. (A3)*
L: *Paulus verwendet ein ähnliches Bild. Eine Gemeinschaft funktioniert nur, wenn alle zusammenwirken.*
SuS lesen 1 Kor 12,12–27 (M1) und arbeiten in Partnerarbeit Unterschiede und Gemeinsamkeiten heraus (vgl. A2). Sicherung im Plenum.

Transfer/Gestaltung

L: *Das Bild vom Körper und seinen Gliedern ist nur eine Möglichkeit, die Bedeutung des Einzelnen für eine Gemeinschaft darzustellen ...*
L: *Setzt die Fabel oder den Bibeltext in ein eigenes (Symbol-)Bild um. (A4)*
L: *Begründe an Beispielen, dass biblische Texte auch heute Bedeutung haben können.*

Material 1

1 Kor 12,12–27: Der eine Leib und die vielen Glieder

[12] Denn wie der Leib einer ist, doch viele Glieder hat, alle Glieder des Leibes aber, obgleich es viele sind, einen einzigen Leib bilden: So ist es auch mit Christus. [13] Durch den einen Geist wurden wir in der Taufe alle in einen einzigen Leib aufgenommen, Juden und Griechen, Sklaven und Freie; und alle wurden wir mit dem einen Geist getränkt. [14] Auch der Leib besteht nicht nur aus einem Glied, sondern aus vielen Gliedern. [15] Wenn der Fuß sagt: Ich bin keine Hand, ich gehöre nicht zum Leib!, so gehört er doch zum Leib. [16] Und wenn das Ohr sagt: Ich bin kein Auge, ich gehöre nicht zum Leib!, so gehört es doch zum Leib. [17] Wenn der ganze Leib nur Auge wäre, wo bliebe dann das Gehör? Wenn er nur Gehör wäre, wo bliebe dann der Geruchssinn? [18] Nun aber hat Gott jedes einzelne Glied so in den Leib eingefügt, wie es seiner Absicht entsprach. [19] Wären alle zusammen nur ein Glied, wo bliebe dann der Leib? [20] So aber gibt es viele Glieder und doch nur einen Leib. [21] Das Auge kann nicht zur Hand sagen: Ich brauche dich nicht. Der Kopf wiederum kann nicht zu den Füßen sagen: Ich brauche euch nicht. [22] Im Gegenteil, gerade die schwächer scheinenden Glieder des Leibes sind unentbehrlich. [23] Denen, die wir für weniger edel ansehen, erweisen wir umso mehr Ehre und unseren weniger anständigen Gliedern begegnen wir mit umso mehr Anstand, [24] während die anständigen das nicht nötig haben. Gott aber hat den Leib so zusammengefügt, dass er dem benachteiligten Glied umso mehr Ehre zukommen ließ, [25] damit im Leib kein Zwiespalt entstehe, sondern alle Glieder einträchtig füreinander sorgen. [26] Wenn darum ein Glied leidet, leiden alle Glieder mit; wenn ein Glied geehrt wird, freuen sich alle Glieder mit. [27] Ihr aber seid der Leib Christi und jeder Einzelne ist ein Glied an ihm.

Glaube – Hoffnung – Liebe (Sb S. 80/81)

Inhaltsbezogene Kompetenzen

Die Schülerinnen und Schüler können an Beispielen beschreiben, erläutern oder begründen, dass biblische Texte auch heute Bedeutung haben können (z. B. Mt 25,31–40; 1 Kor 12; 1 Kor 13).

Vorbereitung

L besorgt den Song „All you need is love" von den Beatles.

Motivation

L spielt das Lied „All you need is love" ein und bittet SuS, besonders auf den Refrain zu achten.

SuS erklären den zentralen Inhalt des Liedes.

L: *„All you need is love" – aber was und wie ist Liebe eigentlich?*

L schreibt „Liebe ist …" und „Liebe ist nicht …" auf zwei Tafelhälften.

SuS ergänzen diese Sätze auf je einem Blatt Papier und heften diese zu den jeweiligen Sätzen. Sie lesen sich die Antworten der anderen SuS durch.

Hinführung

L: *Auch Paulus hat Vorstellungen davon, was und wie Liebe ist. Seine Gedanken hat er im Hohelied der Liebe zusammengefasst.*

SuS lesen 1 Kor 13 im Sb S. 80, äußern sich spontan und vergleichen Paulus' Gedanken mit ihren Sätzen an der Tafel.

Erarbeitung

L: *Lies die Bibelstelle aus 1 Kor 13 und ersetze das Wort „Liebe" durch „Gott". Stelle dar, was dir beim Lesen auffällt. (A2)*

L: *Interpretiere das Foto, indem du seine Aussage herausarbeitest und erklärst. (A3)*

L: *Für Paulus ist die Liebe das größte – er stellt ihr aber zwei weitere Begriffe zur Seite …*

SuS lesen „Glaube – Hoffnung – Liebe" im Sb S. 80 oben.

L: *Gestaltet ein Plakat zu den Begriffen Glaube – Hoffnung – Liebe (entsprechend den Anweisungen von A4).*

SuS gehen in Kleingruppen zusammen und präsentieren im Anschluss ihre Ergebnisse.

Vertiefung/Transfer

L: *Von Glaube, Hoffnung und Liebe ist die Liebe das größte, sagt Paulus. Die Liebe ist von diesen drei das „schwächste Glied", sagte Eva Zeller in ihrem Gedicht.*

SuS lesen das Gedicht „Die Liebe" (Sb S. 81).

L: *Stelle die Aussagen Eva Zellers zur Liebe in eigenen Worten dar. (A1)*

L: *Erkläre, was der letzte Satz des Gedichts bedeuten könnte. (A2)*

SuS bearbeiten die beiden Aufgaben im Unterrichtsgespräch.

Hausaufgabe

L: *Du hast heute zwei Gedichte über die Liebe kennengelernt. Verfasse ein eigenes Gedicht über die Liebe. Schreibe es auf ein DIN-A4-Blatt und gestalte es mit Farben, Bildern, Symbolen … (A4)*

... das habt ihr mir getan (Sb S. 82/83)

Inhaltsbezogene Kompetenzen

Die Schülerinnen und Schüler können an Beispielen beschreiben, erläutern oder begründen, dass biblische Texte auch heute Bedeutung haben können (z. B. Mt 25,31–40; 1 Kor 12; 1 Kor 13).

Anknüpfung

L präsentieren ihre selbstverfassten Gedichte zur Liebe aus der Vorstunde in einem Gallery Walk.

Motivation

L: *Bei euren Gedichten habt ihr vielleicht in erster Linie an eine partnerschaftliche Liebe gedacht. In unserer Kultur steht das Herz für Liebe ... in all ihren Formen.*
L schreibt groß „BarmHERZigkeit" an die Tafel und malt dazu ein Herz.
L: *Äußert euch dazu, was ihr mit einem Herz verbindet (Liebe, gebrochenes Herz, Herzschmerz; Herz hüpft vor Freude, ein gutes Herz haben ...).*

Hinführung

L: *Im Wort Barmherzigkeit kann das Wort Herz so viel bedeuten wie: ein Herz haben (für).*
L: *Überlegt: für wen habt ihr ein Herz? SuS äußern sich dazu.*

Erarbeitung

L: *Ein Herz für seinen Mitmenschen haben – das war auch für Jesus entscheidend. Lesen wir, wie Jesus das versteht ...*
SuS lesen „... das habt ihr mir getan" (Sb S. 82) und betrachten die Bilder.
L: *Suche aus den Bibeltexten die sieben Werke der Barmherzigkeit heraus. (A1)*
SuS halten dies auf dem AB „... das habt ihr mir getan" (KV 17) fest.
L: *Beschreibe mithilfe der Fotos, wie die sieben Werke der Barmherzigkeit heute umgesetzt werden können. (A2)*
L gibt Hinweis auf die sieben geistigen Werke der Barmherzigkeit auf dem AB.

Vertiefung

SuS lesen das Gedicht „Die sieben Werke der modernen Barmherzigkeit" von Joachim Wanke (Sb S. 83).
L: *Vergleiche die in der Bibel vorgegebenen Werke mit denen von Joachim Wanke. (A3)*

Transfer/Hausaufgabe

L: *Verfasse deine eigenen „Sieben Werke der modernen Barmherzigkeit." (A4)*
SuS schreiben ihre sieben Werke ebenfalls auf das AB und tragen sie im Anschluss vor. Als Hausaufgabe: Gestalte dazu eine Fotoserie. (vgl. A4)

Bibel – heute gefragter denn je (Sb S.84/85)

Inhaltsbezogene Kompetenzen

Die Schülerinnen und Schüler können an aktuellen Beispielen beschreiben, erläutern oder entfalten, wie ethische Forderungen der Bibel gesellschaftliche Wirklichkeit verändern können (z.B. Flüchtlingshilfe).

Vorbereitung

SuS dürfen in dieser Stunde ihr Smartphone verwenden. L bereitet zwei Blätter mit der Aufschrift „Stimme zu" und „Stimme nicht zu" vor und hängt sie für die Positionierungsübung in zwei gegenüberliegenden Ecken im Klassenzimmer auf.

Motivation

L: *Ich möchte euch zu einer kleinen Übung einladen, das Thema werdet ihr schnell erkennen. Dazu lese ich Sätze (M1) vor, und ihr entscheidet, ob ihr diesen Sätzen zustimmt oder nicht. Positioniert euch dazu in den Ecken bzw. im Klassenraum dazwischen.*
L liest die Sätze (M1) vor.
SuS positionieren sich und erklären ihre Position.

Hinführung

L: *Was es heißt, fremd zu sein, geflüchtet zu sein, könnt ihr eindrücklich daran erkennen, wenn ihr mit eurem Smartphone das Stichwort „Flüchtlinge" sucht und euch die Bilder anzeigen lasst.*
L: *Beschreibe, welche Bilder bei einer Internet-Suche zum Stichwort „Flüchtlinge" angezeigt werden. Erkläre, was diese Bilder über die Flüchtlingsdramatik aussagen. Beziehe dabei das oben gezeigte Foto mit ein. (A1)*
SuS bearbeiten die Aufgabe mit ihrem Smartphone.

Erarbeitung

L: *Ein ähnliches Bild wie die, die euch angezeigt werden, findet ihr auch im Sb S.84.*
SuS lesen Sb S.84/85 und führen den Satz fort: „Ich fühlte mich fremd, als ..." (vgl. A2)
L: *Stelle dir vor, du müsstest in ein fremdes Land flüchten. Erstelle eine Mindmap zum Thema „Leben in der Fremde". (A3)*
SuS präsentieren ihre Mindmap, z.B. unter der Dokumentenkamera.

Vertiefung

L: *Ihr habt gerade darüber nachgedacht, was es heißt, fremd zu sein. Die Erfahrung des Fremdseins ist auch tief im Volk Israel verwurzelt.*
SuS lesen Bibeltext S.85 und erklären anschließend den Cartoon (vgl. A1).
L: *Nenne Gründe, warum Menschen gegen die Aufnahme von Flüchtlingen protestieren. Erörtere anschließend diese Gründe. (A2)*
L: *Formuliere Argumente, die man diesen Menschen entgegenhalten könnte. Inwiefern können die beiden Bibelstellen auf Seite 84/85 dabei eine Rolle spielen? (A3)*
SuS beantworten die Fragen im Unterrichtsgespräch.

Transfer

L: *Als Christen sollten wir in der Flüchtlingsfrage engagiert auftreten.*
L: *Tragt in der Gruppe zusammen, was ihr selbst konkret tun könnt, damit sich Flüchtlinge bei uns nicht mehr „fremd" fühlen. Erörtert auch, was christliche Gemeinden für eine Rolle in der Flüchtlingshilfe spielen sollten. (A4)*
SuS stellen ihre Ergebnisse vor.

Material 1

Bibel – heute gefragter denn je

Sätze für die Positionierungsübung:
- Es gibt Situationen, in denen ich mir fremd vorkomme.
- Fremd zu sein ist kein gutes Gefühl.
- Fremde fühlen sich bei uns in Deutschland willkommen.
- Flüchtlinge sollten von unserem Land weiterhin aufgenommen werden.
- Flüchtlinge bereichern unsere Gesellschaft und unser Zusammenleben, auch in der Schule.
- ...

Kleinanzeigen

Bibel Alle Kategorien ▾ 🔍 Finden

Bibel zu verkaufen!
Preis: Verhandlungsbasis

Anzeigennr.: 165400033791

Beschreibung

1 Füge dieser Kleinanzeige eine Beschreibung hinzu. Überlege dir, wie du den Inhalt des Bibelbuches für die Beschreibung in wenigen Worten zusammenfassen würdest.
2 Stell dir vor: Du interessierst dich für eine Bibel. Verfasse eine Nachricht, in welcher du dem Verkäufer schreibst, warum du diese Bibel gerne kaufen möchtest.

Mose erhält einen Auftrag

1 Arbeite aus beiden Texten im SB S. 66 die insgesamt vier Bedenken und Zweifel des Moses heraus. Die Antworten, die Gott auf die jeweiligen Bedenken des Moses gibt, helfen dir dabei.

Erstes Bedenken des Moses:

_____

_____

_____

_____

Antwort Gottes: „Ich bin mit dir, ich habe dich gesandt."

Zweites Bedenken des Moses:

_____

_____

_____

_____

Antwort Gottes: „Streck deine Hand aus und hebe sie auf. […] So sollen sie dir glauben, dass dir Jahwe erschienen ist."

Viertes Bedenken des Moses:

_____

_____

_____

_____

Antwort Gottes: „Hast du nicht noch einen Bruder, den Leviten Aaron? […] Er wird für dich der Mund sein und du wirst für ihn Gott sein."

Drittes Bedenken des Moses:

_____

_____

_____

_____

_____

Antwort Gottes: „Ich bin mit deinem Mund und weise dich an, was du reden sollst."

Autor: Johannes Michalski
Textquelle: Die Bibel. Einheitsübersetzung der Heiligen Schrift, vollständig durchgesehene und überarbeitete Ausgabe © 2016 Katholische Bibelanstalt, Stuttgart
Abbildungsverzeichnis: stock.adobe.com, Dublin (modera76)

Mose erhält einen Auftrag – Lösung

1 Arbeite aus beiden Texten im SB S. 66 die insgesamt vier Bedenken und Zweifel des Moses heraus. Die Antworten, die Gott auf die jeweiligen Bedenken des Moses gibt, helfen dir dabei.

Erstes Bedenken des Moses:

„Wer bin ich, dass ich zum Pharao gehen und die Israeliten aus Ägypten herausführen könnte?"

Antwort Gottes: „Ich bin mit dir, ich habe dich gesandt."

Zweites Bedenken des Moses:

„Was aber, wenn sie mir nicht glauben und nicht auf mich hören, sondern sagen: Der Herr ist dir nicht erschienen?"

Antwort Gottes: „Streck deine Hand aus und hebe sie auf. […] So sollen sie dir glauben, dass dir Jahwe erschienen ist."

Viertes Bedenken des Moses:

„Aber bitte, Herr, schick doch einen anderen!"

Antwort Gottes: „Hast du nicht noch einen Bruder, den Leviten Aaron? […] Er wird für dich der Mund sein und du wirst für ihn Gott sein."

Drittes Bedenken des Moses:

„Aber bitte, Herr, ich bin keiner, der gut reden kann, weder gestern noch vorgestern, noch seitdem du mit deinem Knecht sprichst. Mein Mund und meine Zunge sind nämlich schwerfällig."

Antwort Gottes: „Ich bin mit deinem Mund und weise dich an, was du reden sollst."

Autor: Johannes Michalski
Textquelle: Die Bibel. Einheitsübersetzung der Heiligen Schrift, vollständig durchgesehene und überarbeitete Ausgabe © 2016 Katholische Bibelanstalt, Stuttgart
Abbildungsverzeichnis: stock.adobe.com, Dublin (modera76)

Klagen, loben, staunen

1 Arbeite aus dem Ausschnitt von Psalm 18 die Bilder heraus, mit denen Gott beschrieben wird.

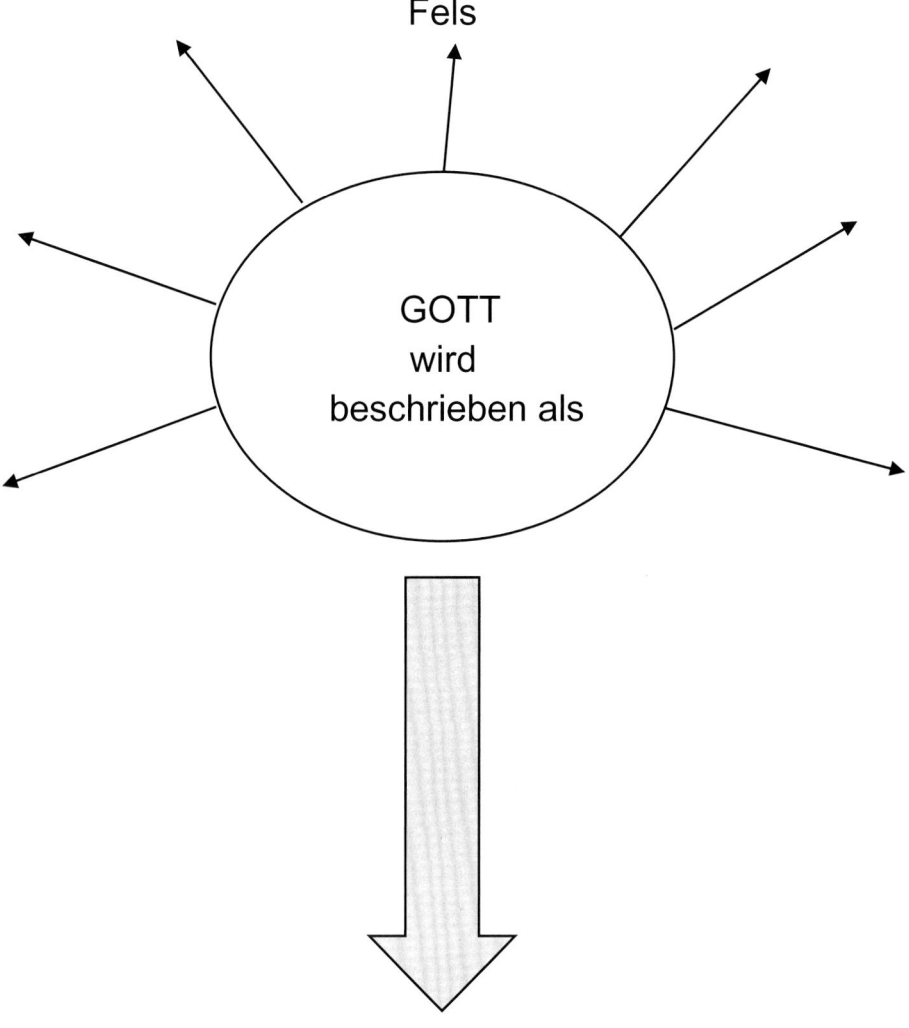

Fels

GOTT
wird
beschrieben als

Was dieser Gott tut …

· rettet mich vor meinen Freunden _____

_____

_____

_____

_____

_____

Klagen, loben, staunen – Lösung

1 Arbeite aus dem Ausschnitt von Psalm 18 die Bilder heraus, mit denen Gott beschrieben wird.

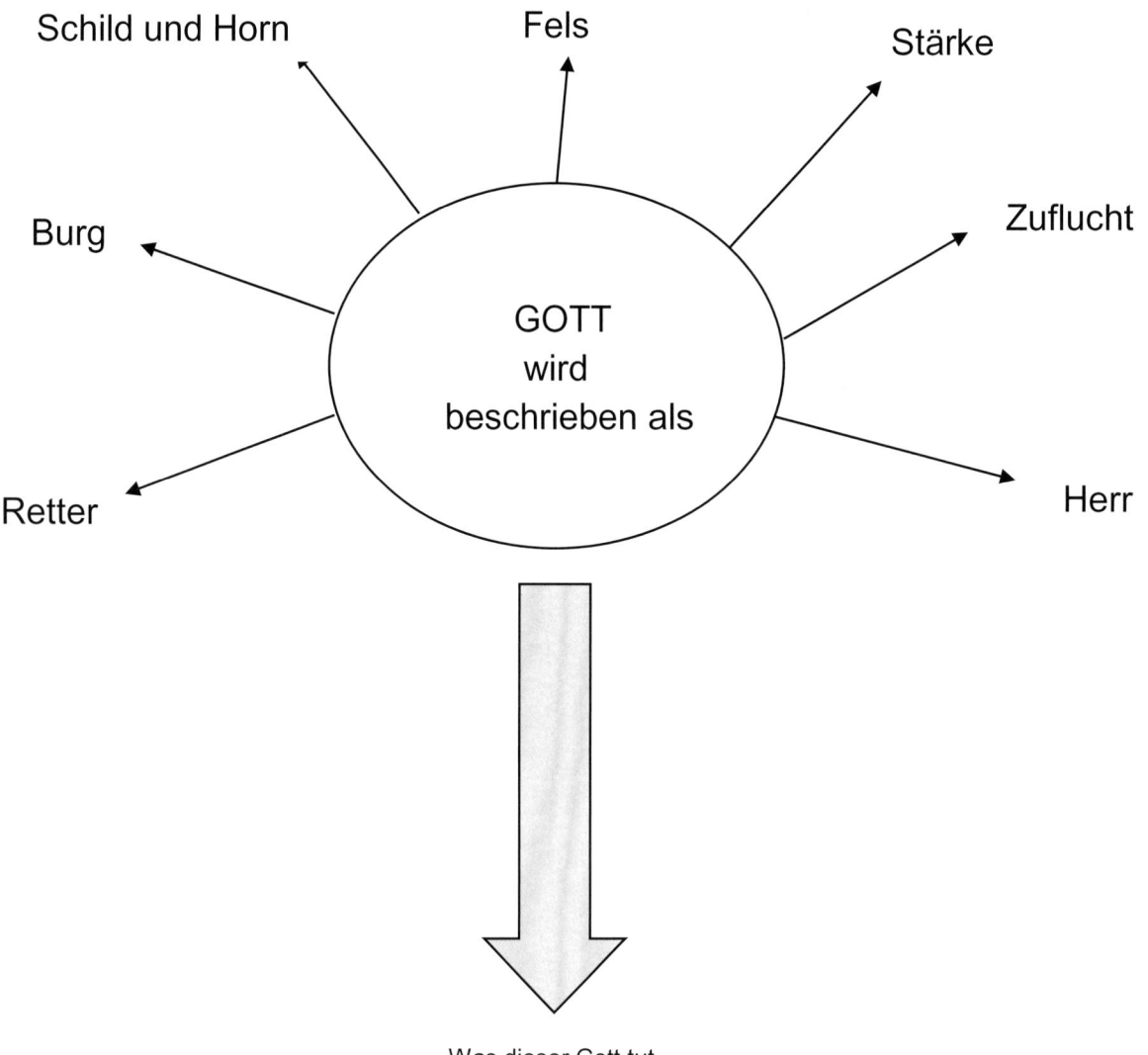

Was dieser Gott tut …

· rettet mich vor meinen Freunden

· hört meinen Hilfeschrei

· entreißt mich meinen Feinden und Hassern

· wird mir zur Stütze

· führt mich hinaus ins Weite

· macht meine Finsternis hell

… das habt ihr mir getan

Die sieben Werke der Barmherzigkeit bei Matthäus

1. _____

2. _____

3. _____

4. _____

5. _____

6. _____

7. _____

Die sieben geistigen Werke der Barmherzigkeit

1. Unwissende lehren
2. Zweifelnde beraten
3. Trauernde trösten
4. Sünder zurechtweisen
5. Beleidigern gern verzeihen
6. Lästige geduldig ertragen
7. für Lebende und Verstorbene beten

BarmHERZigkeit

Meine sieben Werke der modernen Barmherzigkeit

1. _____

2. _____

3. _____

4. _____

5. _____

6. _____

7. _____

Autor: Johannes Michalski

Klett

4. Gott

Inhaltsbezogene Kompetenzen des Kapitels

Die Schülerinnen und Schüler können zeigen, dass die Frage nach Gott Menschen herausfordert. Sie können unter Berücksichtigung biblischer Texte Möglichkeiten und Grenzen des Redens von Gott aufzeigen. Sie können untersuchen, wie Menschen mit Glaubenskrisen umgehen.

Gott (Sb S.87)

Inhaltsbezogene Kompetenzen

Die Schülerinnen und Schüler können Erfahrungen und Überlegungen beschreiben, darstellen oder erläutern, die auf Gott als Geheimnis der Welt verweisen (z. B. Staunen, Kontingenzerfahrungen, teleologische oder kosmologische Argumentation).

Motivation

L blendet das Bild „Gestell mit 6 stehenden Scheiben" von Gerhard Richter (Sb S.87) mit DUA/auf Folie ein.
SuS betrachten und beschreiben das Bild. (A1)

Erarbeitung

L: *Setze die Installation „Gestell mit 6 stehenden Scheiben" von Gerhard Richter mit der Überschrift in Beziehung. (A1)*
L: *Lies die Fragen und Satzanfänge. Nimm dir Zeit und spüre ihnen nach. Wähle dann einige der Satzanfänge aus und formuliere sie weiter. (A2)*
SuS tragen ihre Ergebnisse vor.

Transfer

L: *Schreibe deine eigenen Fragen zum Thema „Gott" auf. (A3)*
SuS lesen ihre Fragen vor.

Vertiefung/Gestaltung

L: *Suche ein anderes Kunstobjekt bzw. Foto für diese Seite oder gestalte selbst ein passendes Bild dafür. (M4)*
SuS stellen ihre Ergebnisse vor und sprechen darüber.

Gibt es Gott? (Sb S. 88/89)

Inhaltsbezogene Kompetenzen

Die Schülerinnen und Schüler können zeigen, dass die Frage nach Gott Menschen herausfordert. Sie können unter Berücksichtigung biblischer Texte Möglichkeiten und Grenzen des Redens von Gott aufzeigen. Sie können untersuchen, wie Menschen mit Glaubenskrisen umgehen.

Vorbereitung

L besorgt Bilder von Gott z. B. aus Einfach Leben 1 oder 2. L bereitet einen Sitzkreis vor.

Motivation

L legt ein oder mehrere Bilder von Gott in die Mitte des Sitzkreises.

SuS betrachten und beschreiben das Bild bzw. die Bilder.

L: *Zu allen Zeiten haben sich Menschen die Frage gestellt: Gibt es Gott? In eurem Buch findet ihr dazu eine Antwort von Luise Rinser, einer sehr erfolgreichen Autorin und außergewöhnlichen Persönlichkeit. Lest den Text.*

SuS lesen den Text von Luise Rinser (Sb S. 88/89). (A1)

Erarbeitung

L: *Notiere und kläre schwierig zu verstehende Begriffe und Formulierungen. Notiere für jeden Abschnitt eine Zusammenfassung. (A1)*

L: *Luise Rinser stellt Gründe für die Existenz Gottes zusammen. Arbeite sie heraus und formuliere sie mit eigenen Worten. Welche überzeugen, welche nicht? (A2)*

Vertiefung

L: *Betrachte das Gemälde von Caspar David Friedrich. Interpretiere es, indem du es mit dem Text in Verbindung setzt. (A3)*

L: *Staunen über Gott und seine Schöpfung – Erörtert in der Gruppe die Frage „Gibt es Gott?". (A4)*

SuS stellen ihre Interpretationen vor und erörtern die Frage.

Gott als Geheimnis der Welt? (Sb S. 90/91)

Inhaltsbezogene Kompetenzen

Die Schülerinnen und Schüler können zeigen, dass die Frage nach Gott Menschen herausfordert. Sie können unter Berücksichtigung biblischer Texte Möglichkeiten und Grenzen des Redens von Gott aufzeigen. Sie können untersuchen, wie Menschen mit Glaubenskrisen umgehen.

Vorbereitung

L bereitet eine kleine PowerPoint-Präsentation vor mit Fotos von schönen Naturaufnahmen bzw. besorgt solche Fotos für das Anhängen an die Tafel.
L bringt einen Stoß Zeitschriften zum Ausschneiden mit.
L hält Scheren, Kleber und Tonpapier für die Gestaltung von Collagen bereit.

Motivation

L blendet PowerPoint mit schönen Naturaufnahmen ein bzw. hängt solche Fotos an die Tafel.
SuS betrachten sie.
L: *Benenne Gelegenheiten, bei denen du von Gegebenheiten in der Natur berührt warst: einer schönen Landschaft, einem großen Regenbogen, spielenden Katzen ... (A1)*

Hinführung

L: *Die Frage nach Gott hat Menschen zu allen Zeiten herausgefordert. Auch berühmte Fachleute stießen dabei an ihre Grenzen. Theologen sprechen von der Unmöglichkeit, sachlich über Gott zu reden, und von der Unmöglichkeit, über ihn zu schweigen. In eurem Buch findet ihr dazu ein Zitat von Anselm Grün. (Sb S. 90)*
SuS lesen es.

Erarbeitung

L: *Betrachte die Buchmalerei. Bringe sie mit deinen Gedanken aus Aufgabe 1 in Verbindung. (A2)*
L: *Erörtere: Ist die Buchmalerei eine angemessene Darstellung Gottes? Beziehe das Zitat von Anselm Grün in deine Überlegungen mit ein. (A3)*
SuS stellen ihre Ergebnisse vor.

Vertiefung

L: *Beschreibe die Installation „Over the river" von Jeanne-Claude und Christo und erläutere mögliche Aussagen des Kunstwerks. (A1)*
L: *Gott als Geheimnis der Welt – beziehe die Überschrift der Seite auf die Installation. (A2).*
SuS tauschen sich darüber aus.

Transfer

L: *Die Frage nach Gott fordert Menschen heraus. Aber alles Reden von Gott hat Möglichkeiten und Grenzen. Nimm Stellung zu dieser Aussage. Lies dazu auch das Zitat von Heinrich Bedford-Strohm auf dieser Seite. (A3)*
SuS nehmen Stellung.

Gestaltung/Hausaufgabe

L: *Gestalte eine Collage aus Bildern, die für dich auf Gott verweisen. Sieh dir als Anregung auch noch einmal die Bilder auf den Seiten 87/88 an. Blättere auch durch das Buch insgesamt, um weitere Gottesbilder zu finden. (A4)*
SuS stellen ihre Collagen vor.

Gott ist unverfügbar (Sb S. 92/93)

Inhaltsbezogene Kompetenzen

Die Schülerinnen und Schüler können ausgehend von Ex 20,4 aufzeigen oder beschreiben oder ausgehend von Ex 33,18–23 beschreiben, dass Gott unverfügbar ist und deshalb das Sprechen über Gott an Grenzen stößt.

Vorbereitung

L bringt eine schöne Bibelausgabe mit bzw. Bibeln in Anzahl der SuS.

Motivation

L: *Ab dem 3. Jahrhundert beschäftigte sich die Kirche mit der Kunst. Unter Berufung auf das Bilderverbot im Alten Testament wurde teilweise jede religiöse Kunst schroff abgelehnt. Wie aber kann man Gott darstellen? Dabei werden wir wieder zurück an die Bibel verwiesen. Denn die Bibel redet ja wie kein anderes Buch in Bildern von Gott:*
L zeigt die schöne Bibelausgabe und liest 1 Joh 4,7–15 (Sb S. 92) daraus vor bzw. SuS lesen die Stelle in den Bibelausgaben.
SuS äußern sich spontan zum Text.

Erarbeitung

L: *Sammelt in der Gruppe weitere Sprachbilder zur Beschreibung Gottes. Lest dazu noch einmal die Seiten 65 und 68. (A1)*
L: *Erkläre ausgehend von Ex 20,4 und Ex 33,18–23 (M1), dass Gott unverfügbar ist. (A2)*
L: *Erörtert, wie man heute Gott in Texten und Bildern beschreiben könnte. (A3)*
SuS stellen ihre Ergebnisse vor.

Vertiefung

L: *Beschreibe und analysiere das Gemälde im Hinblick auf die Frage, wer Gott ist. Schaue dir dazu auch das Bild auf Seite 90 an, das ein ähnliches Motiv hat. (A1)*
L: *Wer ist Gott? Erörtert in der Gruppe die Antwort von Pfarrer Bodo Steinhauer. (A2)*
L: *Lies den Bibeltext aus dem ersten Johannesbrief und beschreibe das Bekenntnis mit eigenen Worten. Überprüfe, inwiefern Bodo Steinhauer mit seiner Erläuterung die Aussage des Textes trifft. (A3)*
SuS stellen ihre Ergebnisse vor und tauschen sich darüber aus.

Transfer

L: *Wie sieht deine Beschreibung Gottes aus? Schreibt sie auf und vergleiche sie mit dem Text. (A4)*
L: *Schaue zurück auf Seite 87 und das Gottesbild, das du für diese Seite gestaltet hast. Vergleiche es mit den Beschreibungen und der bildlichen Darstellung, die du auf diesen Seiten findest. (A5)*
SuS tragen ihre Ergebnisse vor.

Material 1

Ex 20,4

Du sollst dir kein Kultbild machen und keine Gestalt von irgendetwas am Himmel droben, auf der Erde unten oder im Wasser unter der Erde.

Ex 33,18–23

[18] Dann sagte er: Lass mich doch deine Herrlichkeit schauen! [19] Da sagte er: Ich will meine ganze Güte vor dir vorüberziehen lassen und den Namen des HERRN vor dir ausrufen. Ich bin gnädig, wem ich gnädig bin, und ich bin barmherzig, wem ich barmherzig bin. [20] Weiter sprach er: Du kannst mein Angesicht nicht schauen; denn kein Mensch kann mich schauen und am Leben bleiben. [21] Dann sprach der HERR: Siehe, da ist ein Ort bei mir, stell dich da auf den Felsen! [22] Wenn meine Herrlichkeit vorüberzieht, stelle ich dich in den Felsspalt und halte meine Hand über dich, bis ich vorüber bin. [23] Dann ziehe ich meine Hand zurück und du wirst meinen Rücken sehen. Mein Angesicht kann niemand schauen.

Leid und Tod – und Gott? (Sb S. 94/95)

Inhaltsbezogene Kompetenzen

Die Schülerinnen und Schüler können aufzeigen, beschreiben oder erläutern, inwiefern die Erfahrung von Leid und Tod die Frage nach Gott aufwirft (Aspekte der Theodizee).

Vorbereitung

L bereitet Schlagzeilen (M1) als Plakate oder im Rahmen einer PowerPoint-Präsentation vor.

Motivation

L hängt Schlagzeilen (M1) als Plakate an TA oder blendet sie im Rahmen einer PowerPoint-Präsentation am WB ein.
SuS betrachten sie und äußern sich spontan dazu.

Hinführung

L: *Fast jede Woche kann man solche oder ähnliche Schlagzeilen in der Zeitung lesen. Da kann man doch nur hadern mit Gott. Warum lässt er solches Elend und Leid zu?*
SuS lesen „Leid und Tod – und Gott?" (Sb S. 94).

Erarbeitung

L: *Nennt in der Gruppe Situationen, in denen Gott „ungerecht" ist. Tauscht euch dazu auch über das Bild und den Text auf der linken Seite aus. Überlegt z. B., welche Diagnose Johannes bekommen haben könnte. (A1)*
SuS fassen ihre Ergebnisse zusammen.

Vertiefung

L: *Erörtert in der Gruppe, ob die chinesische Legende ein Trost und/oder eine Hilfe im Umgang mit schlimmen Ereignissen im eigenen Leben darstellen kann. (A2)*
L: *Warum lässt Gott Unrecht und Leid zu? Kann der Text von Hans Küng eine Antwort sein? Setze dich mit dem Text auseinander und begründe deine Meinung dazu. (A3)*
SuS tauschen sich darüber aus.

Transfer/Anwendung

L: *Viele Menschen hadern angesichts schwieriger Situationen mit Gott. Einige verlieren dabei sogar ihren Glauben. Was würdest du solchen Menschen entgegnen? (A4)*

Terrormiliz ermordet Tausende Menschen

Flugzeug mit 180 Personen abgestürzt

SÄUGLING VON ELTERN ZU TODE GESCHÜTTELT

Historische Stätten für immer zerstört

Furchtbarer Unfall auf der A3

JUGENDLICHE VERGEWALTIGEN FRAU

Krieg im Nahen Osten neu entflammt

Wie kann Gott das zulassen? (Sb S.96/97)

Inhaltsbezogene Kompetenzen

Die Schülerinnen und Schüler können aufzeigen, beschreiben oder erläutern, inwiefern die Erfahrung von Leid und Tod die Frage nach Gott aufwirft (Aspekte der Theodizee).

Motivation

L schreibt an TA/auf WB: Wie kann Gott das zulassen?
L: *Diese Fragen stellten sich Menschen schon zu allen Zeiten. Im Alten Testament gibt es dazu eine ganz berühmte Geschichte von Ijob.*
SuS lesen sie in Sb S.96/97.

Erarbeitung

L: *Erläutere in eigenen Worten, zu welcher wichtigen Einsicht Ijob am Ende der Geschichte kommt. (A1)*
L: *Beschreibe die Darstellung Ijobs im Gemälde von Otto Dix. Analysiere sie in Hinsicht darauf, was Otto Dix mit dem Bild aussagen wollte. Beziehe dabei auch ein, wann Dix sein Bild gemalt hat. (A2)*
SuS stellen ihre Ergebnisse vor.

Transfer

L: *Wenn Menschen in ihrem Leid an Gott zweifeln, ist es nicht leicht, die richtigen Worte zu finden. Entwickelt in der Gruppe Perspektiven, die Menschen in solchen Situationen helfen können. (A3).*
SuS tauschen sich darüber aus.

Und wie ist das mit dem „lieben Gott"? (Sb S. 98/99)

Inhaltsbezogene Kompetenzen

Die Schülerinnen und Schüler können den Unterschied zwischen dem Bekenntnis „Gott ist die Liebe" (1 Joh 4,7–15) und der Rede vom „lieben Gott" beschreiben, darstellen oder erläutern.

Vorbereitung

L besorgt das Kinderlied „Halt die Hände über mich".

Einstimmung

L spielt das Kinderlied „Halt die Hände über mich" ein.
L: *Viele Kinder wachsen mit dem Bild vom „lieben Gott" auf, der die Menschen beschützt und für sie da ist.*
L: *Tauscht euch in Kleingruppen in einem Schreibgespräch über die Vorstellung vom „lieben Gott" aus, die ihr aus der Kindheit, dem Religionsunterricht in der Grundschule, im Kindergottesdienst ... erlebt habt. (A1)*
SuS tauschen sich aus und stellen ihre Ergebnisse vor.

Hinführung

L: *Im Laufe der Jahre wird dieses Bild vom „lieben Gott" jedoch oft durch das „wirkliche Leben" erschüttert. In eurem Sb S. 98 findet ihr dazu ein Beispiel in einem Auszug aus dem Theaterstück „Draußen vor der Tür" von Wolfgang Borchert.*
SuS lesen den Auszug.

Erarbeitung

L: *Stelle dar, mit welchen Ereignissen Beckmann den „lieben Gott" konfrontiert und welche Haltung er dazu einnimmt. (A2)*
L: *Nimm Stellung zu der Anklage Beckmanns. (A3)*

Vertiefung

L: *Beschreibe das Bild von Caspar David Friedrich. Analysiere, welche religiöse Grundhaltung darin zum Ausdruck kommen könnte. (A1)*
L: *Vergleiche die Grundstimmung des Bildes mit der des Theaterstücks. (A2)*
L: *Stelle mit eigenen Worten den Ausspruch des jüdischen Theologen Pinchas Lapide dar. Erläutere den Unterschied zwischen dem Bekenntnis „Gott ist die Liebe" (1 Joh 4,7–15) und der Rede vom „lieben Gott". Lies hierzu noch einmal die Seite 92. (A3)*
L: *Stelle dar, inwiefern Lapides Standpunkt eine „erwachsene" Sicht auf Gott darstellt. (A4)*
SuS stellen ihre Ergebnisse vor.

Wie wirkt Gott in der Welt? (Sb S.100/101)

Inhaltsbezogene Kompetenzen

Die Schülerinnen und Schüler können aufzeigen, beschreiben oder erläutern, inwiefern die Erfahrung von Leid und Tod die Frage nach Gott aufwirft (Aspekte der Theodizee).

Vorbereitung

L besorgt verschiedene Malutensilien.
L bringt einen Globus mit.
L fertigt ein Kärtchen mit der Aufschrift „Wie wirkt Gott in der Welt?" an.

Motivation

L stellt den Globus auf den Tisch.
SuS beschreiben ihn und stellen Vermutungen an.
L hängt ein Kärtchen mit der Aufschrift „Wie wirkt Gott in der Welt?" an den Globus.
SuS äußern sich spontan.

Erarbeitung

L: *Wie wirkt Gott in der Welt? – Stelle die verschiedenen Äußerungen mit deinen eigenen Worten dar. (A1)*
L: *Die Frage nach Gott fordert heraus. Erläutere, inwiefern Dorothee Sölle, Pinchas Lapide und Martin Schleske Menschen mit Glaubenskrisen Hilfestellung bieten können. (A2)*
SuS fassen ihre Ergebnisse auf dem AB „Wie wirkt Gott in der Welt?" (KV 18) zusammen.

Vertiefung

L: *Beschreibe das Bild „Landschaft bei Sonnenuntergang" von Paul Klee. Setze es in Beziehung zu den Texten und beurteile, ob es zu diesen passt. (A3).*
SuS beschreiben das Bild und beziehen Stellung.

Gestaltung

L: *Wähle einen Gedanken aus den drei Texten, der dich besonders anspricht, und gestalte dazu ein Bild mit Farben und Formen deiner Wahl.*
SuS stellen ihre Bilder vor und würdigen sie gegenseitig.

Glaube in der Krise (Sb S.102/103)

Inhaltsbezogene Kompetenzen

Die Schülerinnen und Schüler können darstellen, erläutern oder untersuchen, wie die Frage nach Gottes Wirken in der Welt (z.B. Gott und das Leid, Wirksamkeit des Bittgebets) zu Glaubenskrisen führen kann.

Vorbereitung

L hält die Sprechblase (M1) bereit.

Motivation

L blendet die Sprechblase (M1) mit DUA/auf Folie ein. SuS lesen sie und äußern sich spontan dazu.

Hinführung

L: *Ein Autounfall, eine schlimme Erkrankung, andauernder Streit in der Familie oder der Verlust des Arbeitsplatzes: Eine Glaubenskrise kann viele Ursachen haben.*
SuS lesen „Glaube in der Krise" (Sb S.102).

Erarbeitung

L: *Manche Ereignisse können zu echten Krisen im Glauben führen. Benenne Ereignisse, die so eine Krise auslösen können. Beziehe dich dabei auf den Text oben. Blättere auch auf die vorherigen Seiten, um weitere Auslöser zu finden. (A1)*
L: *Erkläre, warum jeder, der an Gott glaubt, hin und wieder Zweifel haben kann. (A2)*
L: *Erörtert in der Gruppe: Ist es ein Tabu, über Glaubenskrisen und -zweifel zu sprechen? (A3)*
L: *Setze das Bild in Beziehung zu den Fragen aus Aufgabe 2. (A3)*

Vertiefung

L: *Betrachte das Bild „Christus schreitet über das Wasser". Versetze dich in die Situation von Petrus und beschreibe sein Erlebnis aus seiner Sicht. (A1)*
L: *Erläutere, was die beiden Bibelstellen zum Umgang mit Glaubenszweifeln aussagen.*
Lies dazu auch die Stelle, die Nele in ihrem Brief erwähnt (Joh 20,24–29). (A2)
L: *Nehmt Stellung dazu, inwiefern diese Aussagen bei aktuellen Zweifeln helfen können. (A3)*
SuS betrachten das Bild und nehmen zu den Aussagen Stellung.

Transfer

L: *„Gott war nicht da, als ich ihn brauchte!" – Entwickelt gemeinsam in Kleingruppen Konzepte, wie man mit Glaubenskrisen umgehen könnte. (A4)*
L: *Zeige Konsequenzen auf, die der Glaube an Gott für die Lebenspraxis haben kann. (A5)*
SuS stellen ihre Ergebnisse vor.

Material 1

Ich glaube, ich zweifle!

Glauben hat Konsequenzen (Sb S.104/105)

Inhaltsbezogene Kompetenzen

Die Schülerinnen und Schüler können zeigen, darstellen oder erläutern, dass Glauben und Nichtglauben Optionen sind, die unterschiedliche Konsequenzen für das Leben haben.

Vorbereitung

L bereitet Einblendung (M1) vor.

Motivation

L blendet „Steffi Öder: Mir hilft mein Glaube" und „Christian K.: Ich glaube nicht an Gott" (M1) mit DUA/auf Folie ein.
SuS äußern sich spontan und stellen Vermutungen an.

Hinführung

L: *Glauben hat Konsequenzen.*
SuS lesen „Glauben hat Konsequenzen" im Sb S.104.

Erarbeitung

L: *„Wer glaubt, ist nie allein." – Recherchiere den Text dieses Liedes. Erkläre, was „Glaube" bedeutet. Zeige auf, welche Formulierungen für den Glauben sprechen. (A1)*
L: *Betrachte das Foto und arbeite heraus, was es mit Glauben zu tun haben könnte. (A2)*
L: *Lies die Aussagen von Steffi Öder und Christian K. und vergleiche deren Glauben. Erläutere, inwiefern sich Glaube auf die Gesundheit auswirken kann. (A1)*
L: *An was glaubt Christian K.? Erläutert, welche Konsequenzen Nicht-Glauben mit sich bringen kann. (A2)*

Vertiefung

L: *Betrachte das Foto und überprüfe die Aussage: „Glaube ist etwas für Leute, die nicht an sich selbst glauben können." (A3)*
L: *Überlegt euch in Partnerarbeit zwei Situationen im Leben, in denen Menschen besonders glücklich und besonders unglücklich sind. Stellt euch dann vor, wie Steffi und Christian jeweils darauf reagieren würden. Schreibt für sie innere Monologe, in denen sie ihre Gedanken dazu formulieren. (A4)*
L: *Stellt einige Monologe in der Gruppe vor. Vergleicht die Reaktion von Steffi und Christian auf die Ereignisse, mit denen sie konfrontiert werden. (A5)*
L: *Interpretiere die Geschichte von Bertolt Brecht: Welche Position zum Glauben nimmt Herr K. ein? Beziehe Stellung dazu. (A6)*
SuS stellen ihre Ergebnisse vor und beziehen Stellung.

Material 1

„Steffi Öder: Mir hilft mein Glaube."
„Christian K.: Ich glaube nicht an Gott."

Wie wirkt Gott in der Welt?

Pinchas Lapide:

_____

_____

_____

_____

_____

_____

Martin Schleske:

_____

_____

_____

_____

_____

Dorothee Sölle:

_____

_____

_____

Autor: Reinhard Schlereth
Abbildungsverzeichnis: stock.adobe.com, Dublin (fotochrist)

Klett

5. Jesus Christus

Inhaltsbezogene Kompetenzen des Kapitels

Die Schülerinnen und Schüler können an Beispielen entfalten, wie Jesus Christus in der Alltagskultur und in Werken der Kunst gedeutet wird. Sie können die Bedeutung von Leben, Tod und Auferweckung Jesu anhand ausgewählter biblischer Texte erläutern. Sie können sich mit Herausforderungen der Nachfolge Jesu auseinandersetzen.

Jesus Christus (Sb S.107)

Inhaltsbezogene Kompetenzen

Die Schülerinnen und Schüler können Jesusvorstellungen in der Alltags- und Jugendkultur beschreiben, erläutern, die von Klischees geprägt werden (z.B. in der Popmusik, im Sport) oder sich damit auseinandersetzen.

Vorbereitung

L bereitet das Bild „Jugendprojekt mit Abbé Nicolas Jouy: Gesicht Christi – Gesichter der Menschen" von Sb S.107 so vor (als Kopie/auf Folie/digital), dass es schrittweise aufgedeckt werden kann. Es empfiehlt sich, das Aufdecken in sechs Schritten zu vollziehen.

Themenfindung

L: *Erst bei genauem Hinsehen wird deutlich, dass aus vielen einzelnen Bildern ein Motiv entsteht, in dem wir Jesus Christus erkennen.*
L: *Nennt in einem Speed-Statement einen Begriff, der euch als Erstes beim Wort „Jesus" in den Sinn kommt. (A2)*

Motivation

L: *Ich habe hier ein Bild, das ich schrittweise enthülle. Beobachtet, was ihr nach und nach erkennt.*
L deckt schrittweise das vorbereitete Bild Sb S.107 auf (z.B. erst oben links, unten rechts usw., die Mitte des Bildes sollte zuletzt aufgedeckt werden).
L: *Beschreibe, was du darauf erkennen kannst.*
SuS erklären, was und wen sie erkennen.
L: *Erkläre die Absicht, die der Künstler mit dieser Collage gehabt haben könnte. (A1)*
SuS äußern sich im Unterrichtsgespräch.

Erarbeitung/Transfer

L: *Die genannten Begriffe ergeben bereits ein erstes „Jesus-Mosaik". Gestalte daraus ein Plakat in Wort und Bild über „Jesus". (A3) Die Aufgabe kann auch in Partner- oder Gruppenarbeit erledigt werden.*
L kann hier auch auf die Hoheitstitel/Aussagen anderer über Jesus hinweisen.
Als Ergebnis der Aufgabe sollte eine Art „Biographie" Jesu entstehen.
SuS präsentieren ihre Ergebnisse.

Jesus – ein „cooler" Typ!? (Sb S.108/109)

Inhaltsbezogene Kompetenzen

Die Schülerinnen und Schüler können Jesusvorstellungen in der Alltags- und Jugendkultur beschreiben, erläutern, die von Klischees geprägt werden (z.B. in der Popmusik, im Sport) oder sich damit auseinandersetzen.

Vorbereitung

L besorgt das Lied „Jesus" von der Gruppe „Die Doofen" (z.B. auf YouTube).
L hält Bibeln zur Differenzierung bereit.

Motivation

L: *Stellt euch vor, ihr müsst mit wenigen Sätzen Jesus beschreiben – und zwar danach, wie er aussah und was er vom Charakter her für ein „Typ" war.*
L schreibt dazu die Begriffe „Aussehen" und „Charaktertyp" an die Tafel und hält Stichpunkte der Schüler fest.
L: *Wenn wir an Jesus denken, haben wir ein bestimmtes Bild von ihm vor Augen – wie er für uns aussah und wie er für uns war. Oft sind unsere Vorstellungen von ganz bestimmten Klischees geprägt ...*
Hört dazu folgendes Lied und achtet auf den Inhalt.
L spielt das Lied „Jesus" von der Gruppe „Die Doofen" vor.
SuS äußern sich spontan dazu.

Erarbeitung

L: *Wir wollen uns das Lied noch einmal genauer anschauen.*
SuS lesen ersten Absatz und nochmals den Liedtext im Sb S.108.
L: *Erkläre, welche klischeehaften Jesusvorstellungen „Die Doofen" in ihrem Lied formulieren. Erläutere, worauf die einzelnen Zeilen anspielen könnten. (A1)*
SuS bearbeiten die Aufgabe mithilfe des ABs „Jesus – ein ‚cooler' Typ!?" (KV 19) in Partnerarbeit, Besprechung im Plenum.

Vertiefung

SuS lesen zweiten Absatz im Sb S.108.
L: *Stelle dir vor, du würdest aufgefordert, auf dem Foto mitzumachen. Begründe, ob du so ein T-Shirt selbst tragen und dich in der Gruppe fotografieren lassen würdest. (A2)*
SuS lesen Sb S.109 oben.
L: *Erkläre, in welchen Situationen Sportlerund Sportlerinnen ihren Glauben so in die Öffentlichkeit tragen. (A1)*
L: *Was hältst du von öffentlichen Jesus-Bekenntnissen von Prominenten? Begründe. (A2)*
SuS beantworten die Fragen im Unterrichtsgespräch.

Transfer/Gestaltung

L: *Nicht nur Prominente, sondern auch Jugendliche wie ihr haben eine bestimmte Einstellung zu Jesus.*
SuS lesen die Aussagen der Jugendlichen im Sb S.109 und nehmen kurz Stellung dazu.
L: *Formuliere ein eigenes Statement über Jesus. Gestalte es so, dass du es z.B. auf einem T-Shirt in der Öffentlichkeit präsentieren würdest. (A4)*
SuS bearbeiten die Aufgabe in Einzelarbeit.

Rap me, Jesus (Sb S.110/111)

Inhaltsbezogene Kompetenzen

Die Schülerinnen und Schüler können eine Jesusdeutung in der Kunst (bildende Kunst, Musik, Literatur und Film) mit biblischer Überlieferung vergleichen oder in Beziehung setzen.

Vorbereitung

Sofern ausreichend Schullaptops oder Tablets vorhanden sind, können diese zur Analyse der Videos in Kleingruppen verwendet werden.

L bereitet für den Einstieg ein Bild von Kanye West (z.B. das Foto aus dem Sb S.110 oder ein Bild aus dem Internet) und Jesus vor.

L sucht z.B. auf YouTube nach den Liedern dieser Doppelseite.

Motivation

L blendet ein Foto von Kanye West ein.

SuS aktivieren ihr Vorwissen dazu.

L blendet anschließend daneben ein Jesusbild ein.

L: *Überlegt, welche Verbindung es zwischen Kanye West und Jesus geben könnte.*

SuS stellen Vermutungen an.

Erarbeitung

L: *Welche Bedeutung Jesus im Leben für Kanye West hat, erfahren wir im Sb S.110.*

SuS lesen Sb S.110.

SuS versuchen mithilfe des L den Text grob zu übersetzen. L kann hierbei auch eine deutsche Übersetzung aus dem Internet heranziehen.

L: *Erläutere aufgrund des Songtextes, welche Aussagen Kanye West mit seinem Song über Jesus macht. (A1)*

SuS erläutern.

L: *Die Aussagen über Jesus werden auch im Song-Video nochmals verdeutlicht. Zu diesem Song gibt es nicht nur eine, sondern drei verschiedene Versionen.*

L: *Schaut euch gemeinsam die Versionen 1 und 3 im Internet an. Arbeitet Gemeinsamkeiten und Unterschiede der Jesusbilder, die darin zum Ausdruck kommen, heraus. (A2)*

SuS bearbeiten die Aufgabe in Kleingruppen mit einem Laptop/PC. Ansonsten wird die Aufgabe im Plenum bearbeitet.

SuS berichten von ihren Ergebnissen.

Vertiefung

L: *Ein Lied über Jesus, das ganz anders klingt, ist das Lied „Say yes".*

SuS lesen Sb S.111.

L: *Arbeitet ebenfalls das Jesusbild des Songs heraus und vergleicht dieses mit den Jesusbildern der zwei Videoversionen von Kanye West. Diskutiert, ob die Jesusbilder der beiden Songs eurem biblisch fundierten Jesusbild entsprechen. (A3)*

Die Aufgabe wird im Unterrichtsgespräch bearbeitet.

Transfer/Gestaltung/Hausaufgabe

L: *Wir haben in dieser Stunde zwei ganz unterschiedliche Rap-Songs gehört – jetzt sind eure Rap-Fähigkeiten gefragt!*

L: *Wählt euch in Kleingruppen – auf eurem Handy oder im Internet – einen Hip-Hop-Beat aus und gestaltet auf diesen Rhythmus einen eigenen Jesus-Rap. (A4)*

Jesus liebt mich (Sb S.112/113)

Inhaltsbezogene Kompetenzen

Die Schülerinnen und Schüler können eine Jesusdeutung in der Kunst (bildende Kunst, Musik, Literatur und Film) mit biblischer Überlieferung vergleichen oder in Beziehung setzen.

Vorbereitung

L bereitet kleine Zettel vor.
L hält evtl. meditative Musik bereit.

Motivation

L schreibt an die Tafel die Sätze: „Ändert euch!" – „Ändert euer Leben!"
SuS überlegen, was diese Sätze bedeuten können.
L: *Überlegt: Wer sagt solche Sätze? Zu wem? Eltern, Lehrer, Freunde?*

Einstimmung

L: *Überlege jetzt einmal ganz für dich persönlich: was willst oder solltest du in deinem Leben ändern?*
L lässt SuS Zeit zum Überlegen und spielt meditative Musik ein.
SuS schreiben ihre Antworten auf die kleinen Zettel und heften sie zu den Sätzen an die Tafel.
L liest einige Zettel vor.

Erarbeitung

L: *Ändert euer Leben! Das ist auch eine Forderung von Jesus und so etwas wie sein Grundprogramm. Was er genau damit meint, lesen wir im Sb. S.112.*
SuS lesen Sb S.112 linke Spalte.
L: *Wir haben nun vom Programm der Gottesherrschaft gelesen. Erkläre, was Jesus unter „Ändert euch!" versteht.*
SuS äußern sich dazu.
L: *„Ändert euch!" zum Guten ist auch Thema in dem Film „Jesus liebt mich". Wir wollen lesen, worum es in diesem Film geht.*
SuS lesen Sb S.112/113.

Vertiefung

L: *„Zeige mir, dass diese, wie du sie nennst, durchschnittlichen Menschen das Potenzial zum Guten haben und es auch ausschöpfen wollen." Das sagt Jesus zu Marie.*
L: *Stelle dar, wie man den Beweis anführen könnte, dass die Menschen das Potenzial zum Guten haben. Erörtert eure Antworten in der Gruppe. (A1)*
SuS gehen in Gruppen zusammen und machen sich Notizen, die sie für die Transfer-Aufgaben verwenden dürfen.

Transfer

L: *„Doch welche Person sollte ich nehmen?" Überlege dir, welche Person Marie genommen habe könnte und schreibe die Geschichte, wie diese Person Jesus davon überzeugt, weiter.*
SuS überlegen sich eine (reale) Person und schreiben, wie diese Person, mit ihren Eigenschaften und ihrem Handeln, Jesus vom Gutsein der Menschheit überzeugt.

Weiterführung

In den beiden Folgestunde kann der gesamte Film, in Verbindung mit den Arbeitsaufträgen A2 und A3, angeschaut werden.

... und halten mit das Abendmahl! (Sb S.114/115)

Inhaltsbezogene Kompetenzen

Die Schülerinnen und Schüler können eine Jesusdeutung in der Kunst (bildende Kunst, Musik, Literatur und Film) mit biblischer Überlieferung vergleichen oder in Beziehung setzen.

Vorbereitung

L stellt Brot, Trinkgefäß und kleine Schüssel gut sichtbar auf einen Tisch vor die Klasse, eine Schüssel zur Fußwaschung stellt er auf den Boden neben den Tisch.
L bereitet Bibeltext Joh 13,1–30 vor.
L hält eine Kopie des Bildes von Michael Triegel für jeden Schüler bereit.

Motivation

L liest den Markus-Text von Sb S.114 vor und zeigt an den entsprechenden Stellen auf die Schüssel, das Brot und das Trinkgefäß.
L: *Das, was ihr eben gehört habt, ist alles, was wir aus dem Markus-Evangelium über das letzte Abendmahl erfahren.*
L: *Sammelt in der Gruppe euer Vorwissen zum letzten Abendmahl Jesu. (A1) Überlegt euch, wie das letzte Abendmahl gefeiert wurde: wie sah der Raum aus, wie waren die Tische gestellt, wie sahen die Teilnehmer aus usw.?*
SuS gehen in Gruppen zusammen, halten ihre Ergebnisse fest und bringen sie im Unterrichtsgespräch ein.

Erarbeitung

L: *Unsere Vorstellung vom letzten Abendmahl ist besonders von einem Bild geprägt ...*
L blendet Bild von da Vinci nochmals vergrößert ein.
SuS beschreiben und vergleichen das Bild mit der Markus-Überlieferung.
L zeigt auf die Schüssel zur Fußwaschung neben dem Tisch.
L: *Weder auf dem Bild noch im Text finden wir etwas über diese Schüssel ...*
SuS stellen Vermutungen an und lesen im Anschluss Joh 13,1–30.
L: *Erkläre, inwiefern sich dieser Text vom Markus-Text unterscheidet. (vgl. A4)*

Vertiefung

L: *Bereits in der Bibel gibt es unterschiedliche Vorstellungen, was beim letzten Abendmahl geschah. Auch Künstler setzen das Thema auf unterschiedliche Weise um. Schaut dazu einmal das Bild im Sb S.115 an.*
SuS betrachten für sich das Bild und bearbeiten A2 mithilfe des Arbeitsblattes „... und halten mit das Abendmahl" (KV 20).

Transfer

L: *Ihr habt euch jetzt auch eingehend mit dem Bild von Michael Triegel befasst.*
L: *Erörtert in der Gruppe, was Michael Triegel mit seinem Bild zum Ausdruck bringen möchte.*
SuS bearbeiten A3, indem sie besonders auf die dort gestellten Fragen eingehen.

Hausaufgabe

L: *Wer könnte bei Michael Triegels Bild am Mahl teilnehmen?*
L verteilt Kopie des Bildes.
SuS bearbeiten für die nächste Stunde zu Hause das Bild entsprechend A5.

Eingeladen!? (Sb S.116/117)

Inhaltsbezogene Kompetenzen

Die Schülerinnen und Schüler können an Gleichnissen und Wundererzählungen aufzeigen, beschreiben oder herausarbeiten, welche Lebensperspektive die Reich-Gottes-Botschaft enthält (z.B. Mt 25,14–30; Mk 7,31–37; Lk 14,15–24; Joh 6,1–15).

Vorbereitung

L kopiert Einladungskarte (KV 21) oder erstellt eigene Einladung.

Hausaufgabe/Anknüpfung

SuS präsentieren ihre neue Version der Mahlteilnehmer aus der Vorstunde in einem Gallery Walk und tauschen sich darüber aus, wen sie an den Abendmahlstisch gesetzt haben.

Motivation

L: *Ihr habt euch Gedanken gemacht, wen ihr an den Tisch setzt. Ein anderer Künstler hat das Abendmahl noch einmal ganz anders dargestellt …*
L blendet Ben Willikens' Darstellung ein.
SuS stellen erste Vermutungen an.
L: *Wer andere zu einem Abendessen einlädt, verschickt zuvor oft eine Einladung wie diese hier …*
L zeigt die Einladungskarte (KV 21).
SuS erklären die Angaben.

Erarbeitung

L: *Wer einlädt, hofft, dass alle kommen und keiner absagt …*
L: *Von so einer Einladung zum Essen erzählt auch die folgende biblische Geschichte.*
SuS lesen Sb S.116.
L: *„Kommt, alles ist bereit." – Erkläre, was Jesus mit dieser Geschichte über das Reich Gottes aussagen möchte. (A1)*
L: *Geht nun in Kleingruppen zusammen. Sammelt Fragen, die ihr an das Gleichnis stellt. Versucht gemeinsam, Antworten darauf zu finden. (A2)*
SuS bearbeiten die Aufgabe und stellen ihre Antworten im Unterrichtsgespräch vor.
L: *Schau dir nun noch einmal das Bild von Ben Willikens an. Erläutere, inwiefern das Abendmahlsbild auch auf dieses Gleichnis angewendet werden kann. (A3)*

Vertiefung

L: *In der Bibel steht nicht, wie die Erzählung weiter geht. Die Schriftstellerin Luise Rinser hat die Geschichte aber weitergeschrieben.*
SuS lesen Sb S.117.
SuS nehmen Stellung zu dieser Fortsetzung.
L: *Überlege, welche Wahrheit Jeschua laut Text von Luise Rinser uns mit dieser Erzählung „einhämmern" wollte. (A4)*
SuS äußern sich dazu.

Transfer/Hausaufgabe

L: *Wir haben gelesen, wie Luise Rinser die Geschichte weiterschrieb. Schreibe auf, wie das Gleichnis Jesu für dich weitergeht. (A5)*
SuS schreiben die Geschichte zu Ende, evtl. auch zu Hause.

Aus wenig wird viel (Sb S.118/119)

Inhaltsbezogene Kompetenzen

Die Schülerinnen und Schüler können an Gleichnissen und Wundererzählungen aufzeigen, beschreiben oder herausarbeiten, welche Lebensperspektive die Reich-Gottes-Botschaft enthält (z. B. Mt 25,14–30; Mk 7,31–37; Lk 14,15–24; Joh 6,1–15).

Vorbereitung

Sofern dies möglich ist, besorgt L fünf Brote/Brötchen und zwei Fische. Ansonsten hält L Bild (M1) davon bereit. L besorgt evtl. Brotkörbe für das szenische Spiel.

Motivation

L zeigt fünf Brote und zwei Fische.
SuS beschreiben, was sie sehen und geben eine Schätzung ab, wie viele Menschen davon satt werden könnten.

Hinführung

L: *Wie viele Menschen davon laut einer biblischen Erzählung satt geworden sein sollen, lesen wir im Sb S.118.*
SuS lesen Sb S.118.

Erarbeitung

L: *Entfalte eine eigene Deutung der Brotvermehrung. Setze dazu zunächst die Satzanfänge fort. Schreibe dann mithilfe dieser Sätze einen Text mit deiner Deutung. (A1)*
SuS bearbeiten die Aufgabe in Einzelarbeit und präsentieren ihre Deutung im Anschluss der Klasse.

Vertiefung

L: *Versetzt euch zu zweit in zwei der Jünger Jesu, die gerade die übrig gebliebenen Brocken einsammeln. Entwickelt einen kurzen Dialog zwischen den beiden. (A2)*
SuS gehen dazu jeweils zu zweit zusammen und überlegen sich einen Dialog, den sie dann vor der Klasse szenisch (mit den Brotkörben) vorspielen. (vgl. A3)

Transfer

L: *Im Gegensatz zu den vollen Körben der zwei Jünger: Betrachte und beschreibe das obere Foto Sb S.119. Arbeite seine Aussage heraus. Setzt das Foto anschließend in Beziehung zu den kurzen Texten. (A1 und A2)*
SuS äußern sich im Unterrichtsgespräch dazu.
L: *Schaut euch das Foto und die Texte an. Wir haben genug zu essen, viele andere nicht: Kann die Jesus-Erzählung von der Brotvermehrung Menschen, die nicht genug zu essen haben und an Hunger leiden, in ihrer Situation hilfreich sein? (vgl. A3)*
SuS beziehen Stellung.

Hausaufgabe

L: *Recherchiert im Internet über die Initiative „Brockensammlung", deren Ursprungsort ihr auf dem zweiten Bild seht und die auf die Erzählung der Brotvermehrung (Joh 6,12) zurückgeht. (vgl. A4)*

Material 1

Aus wenig wird viel

Effata, das heißt: Öffne dich (Sb S.120/121)

Inhaltsbezogene Kompetenzen

Die Schülerinnen und Schüler können an Gleichnissen und Wundererzählungen aufzeigen, beschreiben oder herausarbeiten, welche Lebensperspektive die Reich-Gottes-Botschaft enthält (z.B. Mt 25,14–30; Mk 7,31–37; Lk 14,15–24; Joh 6,1–15).

Vorbereitung

L besorgt den Ausschnitt einer Nachrichtensendung mit Gebärdendolmetscher.
SuS bringen ihr Smartphone und ein passendes Kabel mit, um es an einen PC/Beamer anschließen zu können.

Motivation

L zeigt zunächst die Nachrichtenmeldung ohne Ton, die SuS sollen gezielt auf den Dolmetscher achten. Können sie die Gebärden verstehen? Anschließend zeigt L dieselbe Meldung noch einmal mit Ton.
SuS äußern sich zu ihrem Gefühl, nichts verstehen zu können.
L: *Es gibt Menschen, denen es immer so geht wie euch beim ersten Sehen: nichts zu hören ist keine schöne Erfahrung. Man fühlt sich schnell unbeteiligt und hilflos, wenn man sich mit anderen nicht austauschen kann.*
L: *Beschreibe, wie es dir geht, wenn du dich längere Zeit nicht über soziale Medien wie z.B. WhatsApp austauschen kannst. (A1)*
SuS äußern sich.

Erarbeitung

L: *Von einem Menschen, der sich nicht austauschen und mit anderen kommunizieren kann, erzählt auch eine biblische Geschichte ...*
SuS lesen Sb S.120.
L: *Stellt den Markus-Text in Kleingruppen in verschiedenen Standbildern nach. Fotografiert die einzelnen Szenen und fügt sie zu einer Foto-Story zusammen. Wie lässt sich das Taub- bzw. Stummsein darstellen? (A2)*
SuS gehen in Kleingruppen zusammen und fotografieren jedes Standbild. Die Fotostory wird danach über das Handy mittels eines Beamers in der Klasse präsentiert und erläutert.

Vertiefung

L: *Ihr habt das Taub- und Stummsein dargestellt. Wilhelm Willms hat sich in einem Gedicht Gedanken gemacht, wie er das Taub- und Stummsein dieser Geschichte versteht.*
SuS lesen Sb S.121 und nehmen Stellung dazu (vgl. A4).
L: *Das Gedicht endet mit „deshalb wagte er wieder den Mund aufzutun". Zu diesem Satz passt das Gemälde „Der Schrei". Betrachte es und überlege dann: Auch wir stellen uns oft stumm und taub: Wo hören wir weg – und sind taub? Wo bekommen wir unseren Mund nicht auf – und bleiben stumm?*
SuS berichten und suchen nach aktuellen Beispielen.

Transfer/Hausaufgabe

L: *Fasse deine Eindrücke vom Taub- und Stummsein in einem Gedicht, z.B. in einem Elfchen, unter dem Ausgangsbegriff „Effata" zusammen. (vgl. A3)*

Auferstehung ist heute (Sb S.122/123)

Inhaltsbezogene Kompetenzen

Die Schülerinnen und Schüler können ausgehend von Lk 24,1–12 und Lk 24,13–35 beschreiben, erläutern oder entfalten, wie die Botschaft von Tod und Auferweckung Jesu auf Menschen seiner Zeit wirkte und bis heute wirkt.

Vorbereitung

L vergrößert die Placemat-Vorlage (KV 22) auf DIN A3.

Begegnung mit dem Thema

L teilt Placemat-AB (KV 22) aus und erklärt Arbeitsauftrag (vgl. A1):

SuS gehen in Vierer-Gruppen zusammen.

SuS setzen sich an je eine Seite des Placemats. Alle notieren stichpunktartig ihre Einfälle zu der vor ihnen liegenden Frage.

SuS lesen die Gedanken der anderen.

SuS überlegen sich eine Weiterführung des Satzes „Auferstehung ist …", die sie in die Blattmitte schreiben.

SuS präsentieren ihre zentralen Gedanken im Plenum.

Erarbeitung

L schreibt an die Tafel seine Weiterführung des Satzes: „Auferstehung ist heute"

L: *Was dieses „heute" bedeuten kann, wollen wir gemeinsam zu erschließen versuchen.*

SuS lesen Lk 24,1–12 im Sb S.122 und betrachten anschließend das Bild.

L: *Interpretiere, wie der Künstler Michael Triegel die Auferstehung ins Bild übersetzt. (A2)*

L: *Bevor wir interpretieren, was Auferstehung eigentlich heißt und für uns heißt, wollen wir zunächst einen Blick in zwei unterschiedliche Auferstehungserzählungen werfen.*

L teilt AB „Auferstehung ist heute" (KV 23) mit den Arbeitsaufträgen aus.

SuS bearbeiten es in Partnerarbeit. Besprechung im Plenum. (vgl. A1)

Vertiefung

L: *Die Evangelien wollen uns eine Botschaft mitteilen, die hinter den Ostererzählungen steht.*

SuS lesen Text Sb S.122/123.

L: *Versuche mit eigenen Worten zu beschreiben, was mit (leiblicher) Auferstehung gemeint ist.*

Transfer

L: *Wenn man an die Auferstehung glaubt, muss sich der Blick auf das Leben jetzt verändern: „Auferstehung ist heute." Was das meint, können zwei Texte nochmals verdeutlichen.*

SuS lesen die zwei Texte in den gelben Kästchen.

L: *Erkläre, welche Bedeutung „Auferstehung" für dich hat und wie sich dies auf dein Leben auswirkt. Beziehe in deine Antwort auch den Text von Ernst Lange und das Gedicht von Kurt Marti mit ein. (A2)*

SuS äußern sich im Unterrichtsgespräch dazu.

Auf dem Weg nach Emmaus (Sb S.124/125)

Inhaltsbezogene Kompetenzen

Die Schülerinnen und Schüler können ausgehend von Lk 24,1–12 und Lk 24,13–35 beschreiben, erläutern oder entfalten, wie die Botschaft von Tod und Auferweckung Jesu auf Menschen seiner Zeit wirkte und bis heute wirkt.

Vorbereitung

L besorgt zwei Paar Schuhe, ein Paar Einlegesohlen, eine Bibel, ein Stück Brot und ein Herz (Dekoobjekt oder Ausdruck).

Motivation

L: *Ich möchte euch anhand einiger Gegenstände zu einer besonderen biblischen Erzählung hinführen …*
L gestaltet nach und nach einen „Weg", indem er zunächst die Schuhe deutlich auf den Boden stellt, danach die Einlegesohlen, dann die Bibel und das Stück Brot, schließlich das Herz.
SuS rätseln, stellen Vermutungen an.

Erarbeitung

L: *Lesen wir, was es mit diesen Gegenständen auf sich haben könnte.*
SuS lesen Sb S.124 und stellen einen Rückbezug zu den Gegenständen her.
L: *Wofür könnten die „Sohlen" stehen?*
SuS beschäftigen sich nochmals eingehend mit dem Text.
L: *Analysiere den Bibeltext, indem du den einzelnen Abschnitten eine Überschrift gibst. (A1)*
SuS überlegen sich in Partnerarbeit fünf passende Überschriften.
L: *Vielleicht habt ihr während des Lesen gemerkt: die Jünger machen eine „Achterbahn der Gefühle" durch. Zeichne die „innere Entwicklung" eines Jüngers während des Weges in einem Monolog nach. (A1)*
SuS überlegen sich Gedanken und tragen diese dann der Klasse vor.
L: *Auch wir Christen heute können an jedem Osterfest eine solche „innere Entwicklung" spüren.*
SuS lesen Sb S.125.
L: *Beschreibe das Bild „Emmaus" von Janet Brooks Gerloff. Erkläre die Absicht der Künstlerin und formuliere, was die Emmaus-Geschichte uns damit sagen kann. (A2)*

Vertiefung/Transfer

L: *Die Emmaus-Geschichte kann dazu bewegen, sich mit den beiden Jüngern zu identifizieren und von dieser Begegnung etwas nachzuspüren. Versetze dich in die Lage des Kleopas und verfasse einen Tagebucheintrag über dieses Ereignis. (A3)*
SuS schreiben Tagebucheintrag aus der Sicht des Kleopas.

Hausaufgabe

Die Erstellung eines Emmaus-Triptychons (A4) kann als Hausaufgabe aufgegeben werden.

Go, tell it on the mountain – die Bergpredigt (Sb S.126/127)

Inhaltsbezogene Kompetenzen

Die Schülerinnen und Schüler können an Beispielen aus der Bergpredigt (Mt 5–7) aufzeigen, beschreiben oder analysieren, wie die Botschaft Jesu zum Perspektivenwechsel herausfordert.

Vorbereitung

L sucht im Internet nach einem Bild vom „Berg der Seligpreisungen" mit dem See Genezareth im Hintergrund. L hält Bibeln bereit.

Motivation

L blendet zunächst das Bild ein.

SuS beschreiben die Landschaft und Idylle.

L: *In diese Idylle hinein spricht Jesus deutliche Worte. Es sind die Worte seiner berühmten Bergpredigt. Einige davon kennt ihr sicherlich …*

Erarbeitung

SuS schlagen Sb S.126 auf.

L: *Lest euch die Zitate und Redewendungen durch. Welche kennt ihr bereits? Erklärt euch gegenseitig die Bedeutung der einzelnen Aussagen. (A1)*

SuS klären die Bedeutung einzelner Aussagen, L kann unterstützen.

L: *Diese und andere Worte spricht Jesus in seiner Bergpredigt. Was er mit seiner Rede beabsichtigt, lesen wir im Sb S.126/127.*

SuS lesen die Texte und erhalten einen ersten Einblick in die Bergpredigt.

L: *Immer wieder ereignen sich wichtige Glaubenserfahrungen des Alten und Neuen Testaments auf einem Berg. Erarbeitet den Symbolgehalt des Berges. (A2)*

L: *Wir wollen nun einmal überblicken, was Jesus auf diesem Berg am See Genezareth zu den Menschen gesagt hat.*

SuS betrachten den Aufbau der Bergpredigt.

L kann hier erste kurze Erklärungen geben.

Vertiefung/Transfer

Abhängig von der zur Verfügung stehenden Zeit empfiehlt es sich, dass alle SuS die Bergpredigt einmal im Ganzen lesen. Alternativ können sie in Kleingruppen einzelne Textabschnitte behandeln. Dabei setzen sie A1 um, indem sie die Textstellen, denen sie zustimmen, mit grün, denen sie nicht zustimmen, mit rot markieren. Was sie nicht verstehen, markieren sie mit einem Fragezeichen, mit einem Ausrufezeichen kennzeichnen sie die Sätze, die sie besonders beeindrucken oder auch irritieren. Bei der Aufteilung der Texte empfehlen sich diese Abschnitte:

Mt 5,1–20

Mt 5,21–48

Mt 6,1–15

Mt 6,16–34

Mt 7,1–14

Mt 7,15–29

Herzlichen Glückwunsch!? – Die Seligpreisungen (Sb S.128/129)

Inhaltsbezogene Kompetenzen

Die Schülerinnen und Schüler können an Beispielen aus der Bergpredigt (Mt 5–7) aufzeigen, beschreiben oder analysieren, wie die Botschaft Jesu zum Perspektivenwechsel herausfordert.

Motivation

L schreibt an die Tafel die Worte „Herzlichen Glückwunsch".
SuS berichten, zu welchen Gelegenheiten diese Worte ausgesprochen werden und wen die SuS selbst zuletzt beglückwünscht haben.
L fügt anschließend die Sätze aus dem Buch (Sb S.128) an: „du bist pleite", „du hast Asthma", „du bist ein Mobbingopfer".
SuS nehmen Stellung dazu.

Erarbeitung

L: *So irritiert wie ihr werden auch die Zuhörer reagiert haben, als sie die ersten Worte der Bergpredigt hörten, die wir uns jetzt genauer anschauen wollen.*
SuS lesen Sb S.128.
L: *Begründe, welche der Seligpreisungen du mit Glück verbinden könntest und gegen welche Seligpreisungen du Einwände hast. (A2)*
SuS äußern sich im Unterrichtsgespräch.
L: *Welche Menschen können heute als glücklich bezeichnet werden, welche als unglücklich? Vervollständigt in Partnerarbeit jeweils fünf Sätze: Glücklich sind ... Unglücklich sind ... (A1)*
SuS formulieren Sätze und tragen sie in der Klasse vor.

Vertiefung

L: *Die Seligpreisungen sind als eine Aufmunterung zu verstehen für die, die unglücklich sind. Denke an die „Unglücklich-sind"-Sätze, die ihr gerade verfasst habt. Und nun stelle dir vor, du steigst auf einen Berg und oben erwartet dich eine große Menschenmenge, die eine Botschaft von dir hören möchte. Verfasse einen Zuspruch für die Menschen unserer Zeit. (A3)*
SuS verfassen ihren Zuspruch in Einzelarbeit und lesen ihn der Klasse vor.

Transfer

L: *Ein solcher Zuspruch würde heute vielen Menschen sicherlich helfen.*
SuS betrachten die beiden Bilder im Sb S.129 und die „Unglücklich-Preisungen".
L: *Begründe – auch anhand der zwei Bilder –, ob in unserer Zeit die „Unglücklich-Preisungen" nicht ehrlicher als Seligpreisungen sind. (A1)*

Weiterführung

In ein bis zwei Folgestunden können die neun Seligpreisungen bildlich gestaltet und zu einem Wandfries zusammengefügt werden (vgl. A2).

Wie du mir, so ich dir!? – Gewalt und Gewaltverzicht (Sb S.130/131)

Inhaltsbezogene Kompetenzen

Die Schülerinnen und Schüler können an Beispielen aus der Bergpredigt (Mt 5–7) aufzeigen, beschreiben oder analysieren, wie die Botschaft Jesu zum Perspektivenwechsel herausfordert.

Vorbereitung

L besorgt von der Band „Die Ärzte" das Lied „Schunder-Song".
L hält die Texte Ex 21,23–25 und Gen 4,23–24 (M1) zum Zeigen bereit.

Motivation

L: *Hört einmal genau hin, was in diesem Lied passiert.*
L spielt das Lied vor.
L: *„Gewalt erzeugt Gegengewalt" und „Immer mitten in die Fresse": Überlegt, welche Entwicklung in diesem Lied dargestellt wird.*
SuS äußern sich dazu.

Erarbeitung

L: *Gewalt – nicht unbedingt wie in diesem Lied – hat vermutlich jeder schon einmal erlebt.*
SuS betrachten das Foto und lesen „Hast du schon mal erlebt …" im gelben Kasten im Sb S.130.
L: *Berichtet von Gewaltsituationen, die ihr erlebt oder beobachtet habt. (A1)*
SuS berichten davon im Unterrichtsgespräch.
L: *Auch Jesus kannte Gewaltsituationen gegen Menschen. Lesen wir, was er in der Bergpredigt dazu sagt.*
SuS lesen Mt 5,38–41 (rechte Spalte Sb S.130).
L zeigt jetzt die beiden alttestamentlichen Texte und erklärt SuS den Zusammenhang: Im Gegensatz zur Lamech-Regel zielt das Talionsprinzip auf ethisches Verhalten, da es hier um die (materielle) Wiedergutmachung für einen entstandenen Schaden geht.

Vertiefung

L: *Aber was meint Jesus genau mit diesen Worten?*
SuS lesen Sb S.131 und fassen mit eigenen Worten zusammen, was mit dieser Antithese gemeint ist.
L: *Beschreibe, inwiefern dieses Bild dem jesuanischen Anspruch entspricht. (A1)*
SuS stellen einen Bezug des Bildes zur Antithese Jesu her.

Transfer

L: *Den Anspruch Jesu gilt es, in verschiedenen Situationen des Alltags umzusetzen und immer wieder kreativ-überraschend in Konfliktfällen zu reagieren.*
L: *Überlegt in Kleingruppen Situationen von Gewalt in eurem (Schul-)Alltag. Erarbeitet, wie ihr diese im Sinne Jesu kreativ-überraschend lösen könntet. Stellt diese Handlungsoptionen in einem szenischen Spiel vor. (A2)*
SuS überlegen sich Situationen und stellen ihre Reaktion darauf der Klasse vor.

Material 1

Ex 21,23–25

23 Ist weiterer Schaden entstanden, dann musst du geben: Leben für Leben, 24 Auge für Auge, Zahn für Zahn, Hand für Hand, Fuß für Fuß, 25 Brandmal für Brandmal, Wunde für Wunde, Strieme für Strieme.

Gen 4,23–24

23 Lamech sagte zu seinen Frauen: Ada und Zilla, hört auf meine Stimme, ihr Frauen Lamechs, horcht meiner Rede! Ja, einen Mann erschlage ich für meine Wunde und ein Kind für meine Strieme. 24 Wird Kain siebenfach gerächt, dann Lamech siebenundsiebzigfach.

Liebt eure Feinde! (Sb S.132/133)

Inhaltsbezogene Kompetenzen

Die Schülerinnen und Schüler können an Beispielen aus der Bergpredigt (Mt 5–7) aufzeigen, beschreiben oder analysieren, wie die Botschaft Jesu zum Perspektivenwechsel herausfordert.

Vorbereitung

L bereitet Bild-Vorlage (M1) für den Stundenbeginn vor. Alternativ: Eine andere Möglichkeit des Stundenbeginns ist der Kurzfilm „Weihnachten 1914" der Filmakademie Baden-Württemberg, zu finden auf YouTube.

Motivation

L zeigt Bild (M1) oder Film.
SuS erklären die Aussageabsicht.
L: *Wie aus Feinden Freunde werden. Ob und wie das überhaupt funktionieren kann, wollen wir heute – auch mithilfe der Bergpredigt – herausfinden.*

Erarbeitung

SuS lesen „Liebt eure Feinde" im Sb S.132, ohne den gelben Kasten.
L: *In der Bibelstelle Mt 5,43–48 wird von „Feinden" gesprochen. Heutzutage verwendet man den Begriff im Alltag kaum noch. Erkläre in eigenen Worten, was der Begriff meint und wen er alles umfasst. (A1)*
SuS nehmen dazu im Unterrichtsgespräch Bezug.
L: *Überlege dir, welche Bedeutung der Begriff „Feinde" in deinem Leben hat.*
SuS bearbeiten A2 anhand der ersten Aufgabe des ABs „Liebt eure Feinde!" (KV 24) in Einzelarbeit und äußern sich dann im Plenum.

Vertiefung

L: *Wie wir mit unserem Feind umgehen sollen und was Jesu Feindesliebe konkret bedeuten kann, lesen wir im gelben Kästchen.*
SuS lesen „Feindesliebe" (gelbes Kästchen Sb S.132) und erklären den Inhalt nochmals mit eigenen Worten.
L: *Was könnten, laut Pinchas Lapide, „kleine Liebesschritte" sein, „dass der Feind aufhört ein Feind zu sein"? Was bedeutet das für deine Feindschaften? (A3)*
SuS äußern sich dazu.

Transfer/Sicherung

L: *Erläutere, wie Jesu Rede von der Feindesliebe zum Perspektivwechsel auffordert. (A2)*
SuS versuchen eine Antwort.
L: *Nimm jetzt noch einmal das AB „Liebt eure Feinde!" (KV 24) in die Hand und bearbeite Aufgabe 2. Vielleicht kann dir auch das Bild von Banksy dabei helfen (vgl. A1).*
SuS bearbeiten die zweite Aufgabe auf dem AB und tragen ihre Lösung der Klasse vor.
Am Ende dieser Stunde: L: *Haltet ihr die Feindesliebe für realistisch? (vgl. A4)*

Material 1

Bild Feindesliebe

Salz und Licht der Welt (Sb S.134/135)

Inhaltsbezogene Kompetenzen

Die Schülerinnen und Schüler können an Beispielen aus der Bergpredigt (Mt 5–7) aufzeigen, beschreiben oder analysieren, wie die Botschaft Jesu zum Perspektivenwechsel herausfordert.

Vorbereitung

L nimmt Salz mit, ohne dass SuS sofort erkennen, dass es sich um Salz handelt (in einem Glasgefäß z.B.) sowie eine kleine Schale.

L besorgt eine Kerze und Teelichter. Unter die Teelichter, die die SuS am Stundenende als Give-away erhalten, klebt er einen kleinen Zettel mit dem Spruch „Du bist das Licht der Welt".

Motivation

L verdunkelt das Klassenzimmer und zündet die Kerze an.

SuS betrachten die Kerze.

L: *Überlegt: Welche Bedeutung hat das Licht für unseren Alltag und für das Leben (auf der Welt)?*

SuS äußern sich und beziehen Wissen aus anderen Fächern mit ein (z.B. Biologie, Physik).

L: *In unserem Alltag ist noch etwas anderes wichtig …*

L schüttet Salz in die Schüssel. Einzelne SuS dürfen davon probieren und erklären die Bedeutung von Salz für unser Essen.

Erarbeitung

L: *Salz und Licht – beides ist für uns Menschen von großer Bedeutung. Von diesen beiden Dingen spricht auch Jesus, allerdings in einem übertragenen Sinn …*

SuS lesen „Salz und Licht der Welt" (Sb S.134).

L: *Stelle dar, wo und wie du der Welt mehr „Würze verleihen" könntest. Tauscht euch auch in der Gruppe darüber aus. (A1)*

SuS gehen in Kleingruppen zusammen, überlegen sich konkrete Situationen, in denen sie „Würze verleihen" und stellen diese der Klasse vor.

L: *Christen sollen nicht nur Würze verleihen, sondern auch Licht sein …*

SuS lesen Sb S.135.

L: *Benenne – ganz konkret in deinem Alltag – Situationen, in die du Licht bringen kannst. (A1)*

Vertiefung

L: *„Ihr seid das Licht der Welt." – Formuliere weitere Ihr-seid-Sätze, die für Christen und Christinnen zutreffend sind. (A2)*

Transfer

L verteilt Teelichter.

L: *Dieses Teelicht sollst du heute weiterverschenken, du sollst selbst zum Licht für andere werden. Schreibe dazu einen kleinen Text, warum du für die Person, der du es schenken wirst, zum Licht werden willst – wo du vielleicht ihr Leben hell machen und erleuchten willst.*

Hausaufgabe

L: *Gestalte eine Collage mit Bildern, die zeigen, wie Menschen zum Licht für andere werden können. (A4)*

Dem Beispiel Jesu folgen (Sb S.136/137)

Inhaltsbezogene Kompetenzen

Die Schülerinnen und Schüler können am Engagement von christlichen Gemeinschaften beschreiben, erklären oder herausarbeiten, was es bedeuten kann, dem Beispiel Jesu zu folgen.

Vorbereitung

SuS brauchen für diese Stunde die Möglichkeit der Internetrecherche, z.B. Laptops/Tablets, Computerraum oder Smartphone.
L hält den Imagefilm der Salesianer Don Boscos bereit (8 min, auf YouTube einfach zu finden).

Motivation

L blendet die Bilder von Sb S.136 digital ein. SuS beschreiben, was sie sehen.
L: *Erklärt, wie diese Bilder ein Beispiel sind, nach den Worten Jesu zu handeln.*
SuS äußern sich dazu.
L: *Wer sich hier auf diesen Bildern engagiert, erfahren wir im Sb auf Seite 136.*

Erarbeitung

SuS lesen „Dem Beispiel Jesu folgen" (Sb S.136/37).
L zeigt den Imagefilm der Salesianer Don Boscos, um den SuS einen Einblick in die Arbeit zu geben.
L: *Nachdem ihr nun diese zwei Gemeinschaften kennengelernt habt: Nimm Bezug auf die bisherigen Inhalte dieses Kapitels und zeige auf, wie Sant' Egidio und die Salesianer entsprechend der Reich-Gottes-Botschaft und entsprechend der Bergpredigt/Seligpreisungen im Alltag wirken. (A1)*
SuS tauschen sich im Unterrichtsgespräch über diese Fragen aus.

Vertiefung/Sicherung

SuS informieren sich im Internet in Kleingruppen über zwei christliche Gemeinschaften und Sozialdienste. Sie können sich dabei auch nochmals vertiefend mit Sant' Egidio und den Salesianern Don Boscos beschäftigen. Ihre Ergebnisse tragen sie auf dem AB „Dem Beispiel Jesu folgen" (KV 25) ein. (vgl. A2)

Jesus – ein „cooler" Typ!?

1 Beschreibe stichpunktartig, welche klischeehaften Vorstellungen in der ersten Strophe des Liedes „Jesus" von „Die Doofen" zum Ausdruck kommen.

	Welche klischeehafte Vorstellung steckt dahinter?
Jesus war ein guter Mann, der hatte einen Umhang an.	
Jesus war ein flotter Typ, den hatten alle Leute lieb.	
Jesus hatte langes Haar und braune Augen wunderbar.	
Jesus hatte Latschen an wie kein anderer Mann.	

2 Erläutere, auf welche biblische Geschichte die zweite Strophe des Liedes anspielt. Schlage nach.

	Welche biblische Geschichte steckt dahinter?
Jesus war ein Wandersmann, am liebsten auf'm Ozean. Mk 6,45–50	
Ja, und seine Zaubershow, die hatte wirklich Weltniveau. z. B. Mk 6,54–56 oder Mk 10,46–52	
Ja, aus Wasser, da machte er Wein, wer will da nicht sein Kumpel sein. Joh 2,1–11	
Aus einem Brötchen, da wurden zwei, Mensch, da komm doch noch'n mal vorbei. Mk 6,38–44	

Autor: Johannes Michalski
Textquelle: Jesus. T.: Wigald Boning, Oliver Dittrich © SATV Group Germany, Berlin

Klett

… und halten mit das Abendmahl!

1 Vergleiche die beiden Abendmahlsdarstellungen in deinem Schulbuch auf Seite 114/115. Achte dabei auf Details. Halte deine Ergebnisse auf diesem Arbeitsblatt fest.

Raum		
Personen		
Sitzplätze		
Gegenstände		

Vorlage: Einladungskarte zum Essen

Hiermit lade ich dich herzlich zum Abendessen ein.

Wann? Am Sonntag um 19:00 Uhr.

Für Essen und Trinken ist reichlich gesorgt!

Gib mir bitte Bescheid, ob du kommen kannst!

Ich freue mich auf dein Kommen!

Autor: Johannes Michalski
Abbildungsverzeichnis: stock.adobe.com, Dublin (reichdernatur)

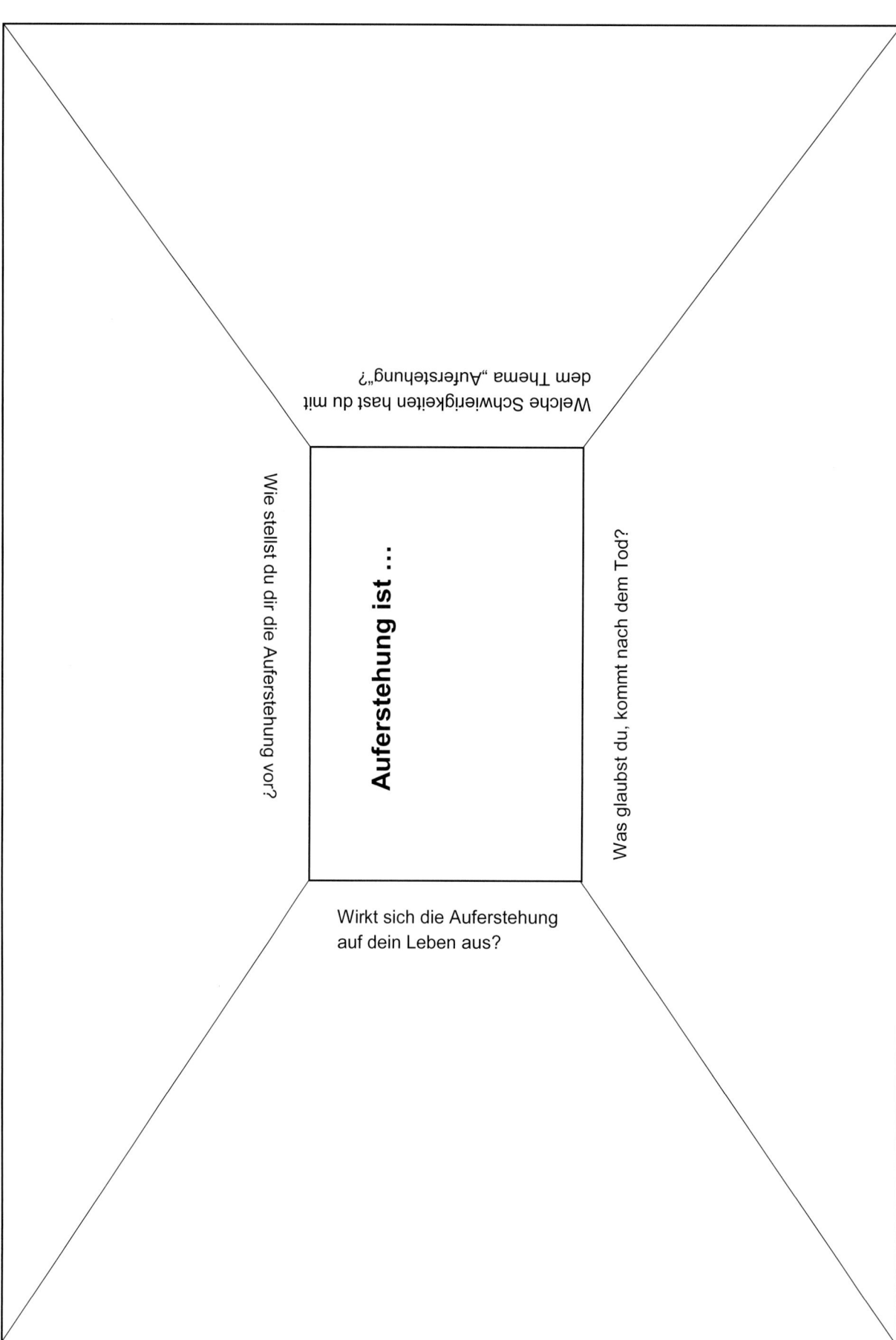

Welche Schwierigkeiten hast du mit dem Thema „Auferstehung"?

Wie stellst du dir die Auferstehung vor?

Auferstehung ist …

Was glaubst du, kommt nach dem Tod?

Wirkt sich die Auferstehung auf dein Leben aus?

Autor: Johannes Michalski

Klett

Auferstehung ist heute

¹ Als der Sabbat vorüber war, kauften Maria aus Magdala, Maria, die Mutter des Jakobus, und Salome wohlriechende Öle, um damit zum Grab zu gehen und Jesus zu salben. ² Am ersten Tag der Woche kamen sie in aller Frühe zum Grab, als eben die Sonne aufging. ³ Sie sagten zueinander: Wer könnte uns den Stein vom Eingang des Grabes wegwälzen? ⁴ Doch als sie hinblickten, sahen sie, dass der Stein schon weggewälzt war; er war sehr groß. ⁵ Sie gingen in das Grab hinein und sahen auf der rechten Seite einen jungen Mann sitzen, der mit einem weißen Gewand bekleidet war; da erschraken sie sehr. ⁶ Er aber sagte zu ihnen: Erschreckt nicht! Ihr sucht Jesus von Nazaret, den Gekreuzigten. Er ist auferstanden; er ist nicht hier. Seht, da ist die Stelle, wohin man ihn gelegt hat. ⁷ Nun aber geht und sagt seinen Jüngern und dem Petrus: Er geht euch voraus nach Galiläa; dort werdet ihr ihn sehen, wie er es euch gesagt hat. ⁸ Da verließen sie das Grab und flohen; denn Schrecken und Entsetzen hatte sie gepackt. Und sie sagten niemandem etwas davon; denn sie fürchteten sich.

Mk 16,1–8

¹ Am ersten Tag der Woche gingen die Frauen mit den wohlriechenden Salben, die sie zubereitet hatten, in aller Frühe zum Grab. ² Da sahen sie, dass der Stein vom Grab weggewälzt war; ³ sie gingen hinein, aber den Leichnam Jesu, des Herrn, fanden sie nicht. ⁴ Und es geschah, während sie darüber ratlos waren, siehe, da traten zwei Männer in leuchtenden Gewändern zu ihnen. ⁵ Die Frauen erschraken und blickten zu Boden. Die Männer aber sagten zu ihnen: Was sucht ihr den Lebenden bei den Toten? ⁶ Er ist nicht hier, sondern er ist auferstanden. Erinnert euch an das, was er euch gesagt hat, als er noch in Galiläa war: ⁷ Der Menschensohn muss in die Hände sündiger Menschen ausgeliefert und gekreuzigt werden und am dritten Tag auferstehen. ⁸ Da erinnerten sie sich an seine Worte. ⁹ Und sie kehrten vom Grab zurück und berichteten das alles den Elf und allen Übrigen. ¹⁰ Es waren Maria von Magdala, Johanna und Maria, die Mutter des Jakobus, und die übrigen Frauen mit ihnen. Sie erzählten es den Aposteln. ¹¹ Doch die Apostel hielten diese Reden für Geschwätz und glaubten ihnen nicht. ¹² Petrus aber stand auf und lief zum Grab. Er beugte sich vor, sah aber nur die Leinenbinden. Dann ging er nach Hause, voll Verwunderung über das, was geschehen war.

Lk 24,1–12

1 Lies dir beide Texte durch. Unterstreiche bei beiden Texten gleiche Namen mit der gleichen Farbe.
2 Welche Gemeinsamkeiten stellst du fest, welche Unterschiede? Erkläre.
Folgende Punkte können dir helfen:
- Wer geht zum Grab? Wer ist somit „Zeuge"?
- Wie viele Männer in „weißen/leuchtenden Gewändern" sind es jeweils?
- Wie verhält sich Petrus?
- Wie verhalten sich die Frauen? Erzählen sie, was sie gesehen haben?

Autor: Johannes Michalski
Textquelle: Die Bibel. Einheitsübersetzung der Heiligen Schrift, vollständig durchgesehene und überarbeitete Ausgabe © 2016 Katholische Bibelanstalt, Stuttgart

Liebt eure Feinde!

1 Schreibe deine Antworten stichpunktartig in die Kästchen.

Wer sind meine Feinde?

Welche Feindschaften erleb(t)e ich?

Feinde?

Perspektivwechsel

2 Notiere, wie du den Umgang mit deinen Feinden und dem, was du ihnen wünschst, aufgrund der Jesus-Worte ändern kannst.

Wie kann ich Feindesliebe verwirklichen?

Autor: Johannes Michalski

Klett

Dem Beispiel Jesu folgen

1 Informiere dich im Internet über zwei verschiedene Gemeinschaften, Sozialdienste oder caritative Organisationen in deiner Umgebung.
Das könnten zum Beispiel sein: Bahnhofsmission, Sozialdienst katholischer Frauen, Pfadfinder, Wärmestuben oder Einrichtungen, die sich um benachteiligte Menschen oder Kinder kümmern.
Ergänze dann die Tabelle.

Name der Gemeinschaft/ Organisation		
Wer hilft und engagiert sich dort?		
Um wen kümmert man sich?		
Wie sehen Hilfe und Unterstützung aus? Welche Aktionen und Hilfsangebote gibt es?		
Auf welche Weise folgen die Helfer dort dem Beispiel Jesu?		

6. Kirche

Inhaltsbezogene Kompetenzen des Kapitels

Die Schülerinnen und Schüler können an Beispielen aus Kultur und Geschichte zentrale Entwicklungen der Kirche darstellen. Sie können an Beispielen die diakonische, liturgische und kerygmatische Aufgabe der katholischen Kirche erläutern. Sie können aufzeigen, dass die Kirche glaubwürdig ist, wenn sie in Übereinstimmung mit dem Evangelium handelt.

Kirche (Sb S.139)

Inhaltsbezogene Kompetenzen

Die Schülerinnen und Schüler können an einem Beispiel zeigen oder erläutern, dass die Kirche im Laufe der Geschichte unterschiedliche Lebens- und Ausdrucksformen entwickelt hat (z.B. Reformströmungen und Ordensgründungen; Kirchenbau und Musik).

Motivation

L blendet die Skulptur „eine Kapelle ist ein Ort" von Thomas Schlereth (Sb S.139) mit DUA/auf Folie ein.
SuS betrachten und beschreiben sie.
L trägt eine Beschreibung (M1) vor.

Transfer

L: *„Kirche – noch nach oben offen?" – Nehmt in der Gruppe Stellung zur Zukunft der Kirche. Welche Rolle willst du dabei einnehmen? (A3)*
SuS nehmen Stellung.

Erarbeitung

L: *Ein wilder Wirrwarr aus Holzpfosten auf einer Wiese unter einem wolkenverhangenen Himmel. Der Künstler Thomas Schlereth nennt sein Bild „eine Kapelle ist ein Ort". Beschreibe die Skulptur und finde eine Erklärung für diesen Titel. Interpretiere diese Skulptur als Symbol für die Kirche heute. (A1)*
L: *Kirche heute: Notiere auf einem Blatt, was dir spontan einfällt, wenn du das Wort „Kirche" hörst. Sortiert die Begriffe anschließend gemeinsam nach positiv und negativ. Erörtert: Was überwiegt? Und bei dir persönlich? (A2)*
SuS tragen ihre Ergebnisse vor.

Material 1

Thomas Schlereth: „eine Kapelle ist ein Ort", 2008

Ein weiter Raum, eine flache Wiese erstreckt sich durch das Bild, nach oben, also hinten und leicht zu den Seiten von herbstlichen Bäumen gesäumt. Darüber spannt sich ein wenig bewölkter Himmel – nur kleine Wolken mindern das ansonsten kräftige Blau. Doch was eigentlich zuerst auffällt, ist ein hölzernes Gebilde im rechten Vordergrund. Mitten auf dem Gras stehend mutet es zunächst einmal sonderbar an. Es ist kein Haus, kein Unterstand, es ist auch kein Wegweiser, keine Halterung oder etwa ein Zaun – oder sonst ein Gegenstand, der an dieser Stelle eine bestimmte Funktion hätte.

Inmitten dieses natürlichen Umfeldes lässt sich aber auch gleich ablesen, dass es noch nicht immer da stand, also erst später zu Gras, Bäumen und Himmel hinzukam. Das Holz, aus dem es sich zusammensetzt, weist etliche Gebrauchsspuren auf: Kerben, kleinere und größere Aussparungen, Witterungsspuren und Reste von Beton sind zu entdecken. All das erinnert eher an eine Baustelle, als an einen Ort im Grünen.

Doch auch wenn die Balken in ihrer kantigen und geraden Form recht unnatürlich sind, ist die Art und Weise, wie sie im Einzelnen aneinandergefügt sind, eher weniger kantig und gerade. Es ist zwar noch klar zu erkennen als ein Werk von Menschenhand, doch erinnert es ferner etwa an die Äste einer Baumkrone, etwas Gewachsenes. Über einen kleinen dreieckigen Grundriss – die schmalste Stelle des Ganzen – erheben sich die Balken zuerst nach hinten, dann auch nach vorne, um sich dort von beiden Seiten kommend zu schließen und ineinander zu greifen. So entsteht ein kleiner „Innenraum", wenn auch ohne geschlossene Wände und Decke. Nach oben hin nimmt das Gebilde an Breite zu und die letzten Balken laufen jeweils aus, ohne einen klaren Abschluss zu formen. Von seiner Größe her, immerhin ist es circa vier Meter in Länge, Breite und Höhe groß, könnte es einem Menschen gut Platz bieten. Aber wozu – wenn weder Wände noch Dach Schutz vor Regen und Wind bieten können. Einen entscheidenden Hinweis kann nun der Titel geben: „eine Kapelle ist ein Ort" weist das Ganze sowohl als „Kapelle", als auch als „Ort" aus. Also erhebt das Objekt doch einen Anspruch darauf, ein Raum zu sein – wie es einer Kapelle im Normalfall ja sicher entspricht. Dies ist aber nur der erste Teil der Behauptung, denn als Ganzes spricht der Titel von diesem Raum als Ort – also nicht primär als geschlossenem Mauerwerk mit Tür und Fenstern, sondern lediglich als einer Stelle, einem Platz, der für alles Weitere zuerst einmal offen ist. Und diese Beschreibung scheint auch schon viel besser zu dieser Konstruktion aus Holz zu passen. Diese „Kapelle" will also ein Ort sein, der offen ist für das, was an ihn herangetragen wird: Sei es der Wind, der Regen, der Sonnenschein, sei es ein Vogel oder auch der Gedanke eines Menschen.

Ein tiefer Glaube prägt die hohen Dome (Sb S.140/141)

Inhaltsbezogene Kompetenzen

Die Schülerinnen und Schüler können an einem Beispiel zeigen oder erläutern, dass die Kirche im Laufe der Geschichte unterschiedliche Lebens- und Ausdrucksformen entwickelt hat (z. B. Reformströmungen und Ordensgründungen; Kirchenbau und Musik).

Vorbereitung

L besorgt Fotos vom Freiburger Münster.
L besorgt Schullaptops/Tablets für Internetrecherche, ggf. benutzen SuS ihr Smartphone.

Motivation

L blendet Fotos vom Freiburger Münster mit DUA/auf Folie ein.
SuS betrachten und beschreiben sie. Manche erkennen das Freiburger Münster.
L: *Das Freiburger Münster wurde von etwa 1200 bis 1513 erbaut, größtenteils im Stil der Gotik und Spätgotik. Was die Menschen damals erlebt haben könnten, als sie eine gotische Kathedrale zum ersten Mal besucht haben, erfährst du im Sb S.142.*

Erarbeitung

L: *Beschreibe, was Menschen vor 500 Jahren erlebt haben könnten, als sie eine gotische Kathedrale zum ersten Mal besucht haben. (A1)*
SuS tragen ihre Ergebnisse vor.
L hält sie an TA/am WB fest.

Transfer

L: *Erinnere dich an deinen letzten Besuch einer Kirche. Was hast du beim Betreten dieser Kirche erlebt/gefühlt/ gedacht? Tauscht euch aus. (A2)*
SuS tauschen sich aus.

Vertiefung

L: *Recherchiere im Internet Bilder und Informationen zu den Baustilen der Romanik und Gotik. Erkläre, inwiefern sich einzelne Elemente auf christliche Glaubensvorstellungen der damaligen Zeit beziehen. (A3)*
L verteilt ggf. zur Hilfestellung das AB „Baustil Romanik" (KV 26) und das AB „Baustil Gotik" (KV 27).
L: *Lies das Gebet auf dieser Seite. Erkläre, wieso vieles in einer gotischen Kirche auf den Glauben an Gott verweist. (A4)*
SuS tragen ihre Erklärungen vor.

Sicherung

SuS übertragen ihre Ergebnisse von TA/WB auf das AB „Ein tiefer Glaube prägt die hohen Dome" (KV 28).

Soli Deo gloria – allein Gott zur Ehre (Sb S.142/143)

Inhaltsbezogene Kompetenzen

Die Schülerinnen und Schüler können an einem Beispiel zeigen oder erläutern, dass die Kirche im Laufe der Geschichte unterschiedliche Lebens- und Ausdrucksformen entwickelt hat (z.B. Reformströmungen und Ordensgründungen; Kirchenbau und Musik).

Vorbereitung

L besorgt Musik von J. S. Bach.

Motivation

L spielt Musik von J. S. Bach ein.
SuS äußern sich spontan dazu.
L: *Für den Pianisten James Rhodes ist Bach durch seine Musik ein Lebensretter gewesen. Wie es dazu kam, erfährst du in der folgenden Geschichte.*
SuS lesen „Soli Deo gloria – allein Gott zur Ehre" (Sb S.142).

Erarbeitung

L: *Für den Pianisten James Rhodes ist Bach durch seine Musik ein Lebensretter gewesen. Stelle Fragen an Rhodes und versuche danach, aus dem Text heraus Antworten zu formulieren. (A1)*
L: *„Die Musik Bachs ist aus Liebe." – Erkläre diesen Satz und nimm Stellung dazu. (A2)*
SuS tragen ihre Antworten und Erklärungen vor.

Vertiefung

L: *Das Bild auf dieser Seite vom Maler Marc Chagall zeigt die Schwester Moses, Mirjam, wie sie vor Freude über die Rettung vor den Ägyptern tanzt und musiziert. Stellt das Bild in einem Standbild nach und lasst es langsam in Bewegung geraten. (A1)*
L: *Setze das Bild in Beziehung zum Bibeltext und beschreibe Gefühle, die die tanzende und musizierende Mirjam zum Ausdruck bringen möchte. (A2)*
L: *In der Musik können wir Gott begegnen. Erläutere diesen Satz mithilfe des Textes auf dieser Seite. Lies dazu auch noch einmal die Seiten 72/73. (A3)*
SuS stellen ihre Ergebnisse vor und tauschen sich darüber aus.

Ausklang

L spielt noch einmal Musik von J. S. Bach ein.
SuS präsentieren noch einmal das meist gelungene Standbild.

Neue Impulse in einer dunklen Zeit (Sb S.144/145)

Inhaltsbezogene Kompetenzen

Die Schülerinnen und Schüler können an einem Beispiel zeigen oder erläutern, dass die Kirche im Laufe der Geschichte unterschiedliche Lebens- und Ausdrucksformen entwickelt hat (z.B. Reformströmungen und Ordensgründungen; Kirchenbau und Musik).

Motivation

L schreibt an TA/WB: Europa im 13. Jahrhundert
SuS bringen Vorwissen aus dem Geschichtsunterricht ein und stellen Vermutungen an.
SuS lesen „Neue Impulse in einer dunklen Zeit" (Sb S.144).

Erarbeitung

L: *Betrachte den Holzschnitt aus dem 15. Jahrhundert: Die lateinischen Begriffe lassen sich in folgendem Sinne übersetzen (im Uhrzeigersinn): Du bete demütig – Du beschütze – Du arbeite. Beschreibe die Gesellschaft, die sich in diesem Bild darstellt, und erkläre, ob die Kirche darin den Auftrag Jesu erfüllt. (A1)*
L: *Gesellschaftliche Verhältnisse zeigen auch heute oft tiefe Ungerechtigkeiten. Nenne Beispiele aus der Gegenwart und vergleiche sie mit den gesellschaftlichen Verhältnissen im Europa des 13. Jahrhunderts. (A2)*
L: *Gestaltet eine Wortwolke aus Begriffen, die ihr mit den Aufgaben der Kirche in der Gesellschaft verbindet. Deutet durch die Schriftgröße der Wörter an, was für euch besonders wichtig ist. (A3)*

SuS stellen ihre Ergebnisse vor.

Vertiefung

L: *Der Ordensgründer Franziskus hat in der Geschichte der Kirche eine große Rolle gespielt. Erkläre seine Bedeutung im Hinblick auf den Satz: „Die Kirche ist immer veränderungsbedürftig!" (A1)*
SuS stellen ihre Ergebnisse vor und tauschen sich darüber aus.

Transfer

L: *Das Bild zeigt den heiligen Franziskus, wie er die vom Einsturz bedrohte Kirche stützt. Erkläre die Aussage des Bildes. (A2)*
SuS tragen ihre Ergebnisse vor.
L: *Stelle dar, was die Kirche heutzutage zum Einsturz bringen und was man dagegen tun könnte. Du kannst so beginnen: Heute finde ich in der Kirche ... – Ich würde mir wünschen, dass die Kirche ...*
Erörtert eure Ergebnisse in der Gruppe. (A3)
SuS bearbeiten die Aufgabe in Einzelarbeit und tauschen sich in der Gruppe aus.

Die KZ-Gedenkstätte Hailfingen/Tailfingen (Sb S.146/147)

Inhaltsbezogene Kompetenzen

Die Schülerinnen und Schüler können ausgehend vom Unrecht der Shoah die Rolle der katholischen Kirche in der Zeit des Nationalsozialismus herausarbeiten.

Vorbereitung

L besorgt Fotos von der KZ-Gedenkstätte in Hailfingen-Tailfingen.
L besorgt Schullaptops/Tablets für Internetrecherche, ggf. benutzen SuS ihr Smartphone.

Motivation

L blendet Fotos von der KZ-Gedenkstätte in Hailfingen-Tailfingen ein.
SuS betrachten und beschreiben die Fotos.

Erarbeitung

L: *Betrachte die Gestaltung der Gedenkstätte und erkläre die einzelnen Elemente. Recherchiere dazu auch auf der Homepage der Gedenkstätte. (A1)*
L: *Beschreibe die Gedanken von Marlene und Florian, als sie die Ausstellung zum Arbeitslager in Tailfingen besuchen. Welche Gedanken und Fragen fallen dir beim Lesen dieser Informationstafel noch ein? Tauscht euch darüber aus. (A2)*
SuS stellen ihre Ergebnisse vor.

Vertiefung

L: *Verfasse eine Informationstafel zum Arbeitslager in Tailfingen. Notiere dabei auch Fragen an die Leser einer solchen Tafel. (A3)*
L: *Sucht in Kleingruppen in eurer Umgebung Gedenkstätten für die Opfer des Nationalsozialismus. Vergleicht deren Geschichte mit der von Tailfingen. (A4)*
SuS stellen ihre Ergebnisse vor und tauschen sich darüber aus.

Transfer

L: *„Warum haben Menschen anderen Menschen so etwas angetan?" Erörtert diese Frage in der Gruppe. (A5)*
SuS tragen ihre Ergebnisse vor.

Das Verbrechen der Shoah (Sb S.148/149)

Inhaltsbezogene Kompetenzen

Die Schülerinnen und Schüler können ausgehend vom Unrecht der Shoah die Rolle der katholischen Kirche in der Zeit des Nationalsozialismus herausarbeiten.

Vorbereitung

L besorgt Schullaptops/Tablets für Internetrecherche, ggf. benutzen SuS ihr Smartphone.

Motivation

L blendet Foto vom „Aufruf zum Boykott jüdischer Geschäfte während der Reichspogromnacht" (Sb S.148) mit DUA/auf Folie ein.
SuS beschreiben das Foto und äußern sich spontan dazu.

Hinführung

L: *Wie beim Arbeitslager in Tailfingen waren viele Inhaftierte solcher Arbeits- und Konzentrationslager Menschen jüdischen Glaubens. Die nationalsozialistischen Machthaber mit Adolf Hitler als ihrem Führer verfolgten schon kurze Zeit nach ihrer Machtübernahme im Jahr 1933 eine aggressive Politik gegen alles jüdische Leben im damaligen Deutschen Reich. Vor Geschäften jüdischer Kaufleute wurden Parteigänger abgestellt, die den „deutschen Mann" oder „die deutsche Frau" daran erinnerten, nicht bei Juden und Jüdinnen einzukaufen. Den Höhepunkt der Gewalt bildete der 9. November 1938, als im ganzen Land Synagogen und Geschäfte angezündet oder stark beschädigt wurden.*

SuS lesen „Das Verbrechen der Shoah" (Sb S. 148 bis S.149 oben).

Erarbeitung

L: *Tragt in der Gruppe zusammen und stellt dar, was ihr, z.B. im Geschichtsunterricht, über die Shoah bisher erfahren habt. (A1)*
SuS stellen ihre Ergebnisse vor.
SuS lesen Sb S.149, 2. Absatz.
L: *2021 wird das Jubiläum „1700 Jahre jüdisches Leben in Deutschland" gefeiert. Informiere dich im Internet und mithilfe des Textes „2021 – Jüdisches Leben in Deutschland" (KV 29) über dieses Jubiläum und formuliere in eigenen Worten, welches Ziel damit verfolgt werden soll. (A1)*
SuS stellen ihre Ergebnisse vor.

Vertiefung/Gestaltung

SuS betrachten die beiden Fotos auf S.149 unten.
L: *Die beiden Fotos unten zeigen die neue Synagoge in Ulm, die 2012 fertiggestellt wurde. Erläutert, wie jüdisches Gemeindeleben heute gestaltet und gelebt wird. Recherchiert dazu z.B. im Internet nach Gemeinden in eurem Bundesland oder fragt bei einer jüdischen Gemeinde nach einer Interviewpartnerin/einem Interviewpartner. (A2)*
SuS stellen ihre Ergebnisse vor und tauschen sich darüber aus.

Kirche und Nationalsozialismus (Sb S.150/151)

Inhaltsbezogene Kompetenzen

Die Schülerinnen und Schüler können ausgehend vom Unrecht der Shoah die Rolle der katholischen Kirche in der Zeit des Nationalsozialismus herausarbeiten.

Vorbereitung

L besorgt Schullaptops/Tablets für Internetrecherche, ggf. benutzen SuS ihr Smartphone.

Motivation

L blendet Foto vom „Fahnenappell in einem Lager der Neudeutschen, einer Vereinigung von Schülern innerhalb des Bundes der Deutschen Katholischen Jugend" (Sb S.151) mit DUA/auf Folie ein.
SuS beschreiben das Foto, bringen Vorwissen ein und stellen Vermutungen an.

Hinführung

L: *Hat die katholische Kirche Widerstand gegen das Regime während des Nationalsozialismus geleistet? Diese Frage lässt sich nicht einfach mit Ja oder Nein beantworten.*
SuS lesen „Kirche und Nationalsozialismus" (Sb S.150).

Erarbeitung

L: *Zwischen Zustimmung und aktivem Widerstand – Stelle die schwierige Situation der katholischen Kirche in der Zeit des Nationalsozialismus dar. Recherchiere dazu auch in Geschichtsbüchern oder im Internet. (A1)*
L: *Die Nationalsozialisten sahen in der katholischen Kirche einen inneren Feind in der Gesellschaft. Nenne Gründe, die für eine solche Sichtweise sprechen. (A2)*
L: *Stelle dar, wie die Nationalsozialisten dagegen vorgehen wollten. Beziehe das zweite Foto in deine Überlegungen ein. (A3)*
SuS stellen ihre Ergebnisse vor.

Vertiefung

L: *Betrachte das Bild von der Fronleichnamsprozession aus dem Jahr 1938. Erkläre, warum eine solche kirchliche Veranstaltung als Provokation auf die Machthaber wirken musste. (A4)*
L: *Erläutere den Satz „Die katholische Kirche zog sich nach innen zurück." Wie passt dazu das Bild von der Fronleichnamsprozession? (A5)*
SuS stellen ihre Erklärungen vor und diskutieren darüber.

Der Dienst am Nächsten – immer wieder (Sb S.152/153)

Inhaltsbezogene Kompetenzen

Die Schülerinnen und Schüler können an biblischen Beispielen aufzeigen, erläutern oder herausarbeiten, welche Bedeutung der Dienst am Nächsten hat (z. B. Lk 10,25–37; Joh 13,1–17).

Vorbereitung

L bereitet ein Plakat vor mit dem Text von Joh 13,16 (Sb S.152).
L hält Bibeln bereit.

Motivation

L hängt das Plakat mit dem Text von Joh 13,16 an die Tafel.
SuS äußern sich spontan.

Hinführung

L: *Das Johannes-Evangelium erzählt von der Fußwaschung Jesu (Joh 13,1–17), bei der Jesus von einem gemeinsamen Mahl aufsteht und seinen Jüngern die Füße wäscht. Er will ein deutliches Zeichen setzen.*
SuS stellen Vermutungen an und lesen die Bibelstelle (M1).

Erarbeitung

L: *Beschreibe das Bild von Papst Franziskus. Erkläre, inwiefern hier ein Perspektivenwechsel dargestellt ist. (A1)*
L: *In der Fußwaschung Jesu zeigt sich der Kern seiner Botschaft: Durch Dienen am Nächsten wird die Welt verändert. Erkläre die Bibelstelle (M1) mithilfe des Textes. (A2)*
SuS stellen ihre Ergebnisse vor.

Vertiefung

L: *2013 wurden mehrere Kriegsflüchtlinge aus dem Irak und Syrien in eine Böblinger Sammelunterkunft aufgenommen, was schließlich zur Gründung des Freundeskreises Flüchtlingshilfe Böblingen führte. Beschreibe die unterschiedlichen Aktivitäten, die die Flüchtlingshilfe Böblingen unternimmt. Setze sie in Beziehung zum Bibeltext. (A1)*
SuS lesen „Der Freundeskreis Flüchtlingshilfe Böblingen stellt sich vor". Anschließend stellen sie ihre Ergebnisse vor und tauschen sich darüber aus.

Transfer/Gestaltung

L: *Lies das Gedicht „Steh auf". Gestalte eine eigene Version, indem du jede Zeile mit einem „um zu …" ergänzt, damit klar wird, was jeder für den Nächsten konkret tun kann. (A2)*
SuS tragen ihre Ergebnisse vor.

Material 1

Joh 13,1–17

Die Fußwaschung

[1] Es war vor dem Paschafest. Jesus wusste, dass seine Stunde gekommen war, um aus dieser Welt zum Vater hinüberzugehen. Da er die Seinen liebte, die in der Welt waren, liebte er sie bis zur Vollendung. [2] Es fand ein Mahl statt und der Teufel hatte Judas, dem Sohn des Simon Iskariot, schon ins Herz gegeben, ihn auszuliefern. [3] Jesus, der wusste, dass ihm der Vater alles in die Hand gegeben hatte und dass er von Gott gekommen war und zu Gott zurückkehrte, [4] stand vom Mahl auf, legte sein Gewand ab und umgürtete sich mit einem Leinentuch. [5] Dann goss er Wasser in eine Schüssel und begann, den Jüngern die Füße zu waschen und mit dem Leinentuch abzutrocknen, mit dem er umgürtet war. [6] Als er zu Simon Petrus kam, sagte dieser zu ihm: Du, Herr, willst mir die Füße waschen? [7] Jesus sagte zu ihm: Was ich tue, verstehst du jetzt noch nicht; doch später wirst du es begreifen. [8] Petrus entgegnete ihm: Niemals sollst du mir die Füße waschen! Jesus erwiderte ihm: Wenn ich dich nicht wasche, hast du keinen Anteil an mir. [9] Da sagte Simon Petrus zu ihm: Herr, dann nicht nur meine Füße, sondern auch die Hände und das Haupt. [10] Jesus sagte zu ihm: Wer vom Bad kommt, ist ganz rein und braucht sich nur noch die Füße zu waschen. Auch ihr seid rein, aber nicht alle. [11] Er wusste nämlich, wer ihn ausliefern würde; darum sagte er: Ihr seid nicht alle rein. [12] Als er ihnen die Füße gewaschen, sein Gewand wieder angelegt und Platz genommen hatte, sagte er zu ihnen: Begreift ihr, was ich an euch getan habe? [13] Ihr sagt zu mir Meister und Herr und ihr nennt mich mit Recht so; denn ich bin es. [14] Wenn nun ich, der Herr und Meister, euch die Füße gewaschen habe, dann müsst auch ihr einander die Füße waschen. [15] Ich habe euch ein Beispiel gegeben, damit auch ihr so handelt, wie ich an euch gehandelt habe. [16] Amen, amen, ich sage euch: Der Sklave ist nicht größer als sein Herr und der Abgesandte ist nicht größer als der, der ihn gesandt hat. [17] Wenn ihr das wisst – selig seid ihr, wenn ihr danach handelt.

Was muss ich tun? (Sb S.154/155)

Inhaltsbezogene Kompetenzen

Die Schülerinnen und Schüler können an biblischen Beispielen aufzeigen, erläutern oder herausarbeiten, welche Bedeutung der Dienst am Nächsten hat (z. B. Lk 10,25–37; Joh 13,1–17).

Vorbereitung

L hält Bibeln bereit.

Motivation

L: *Vielleicht hast du dich auch schon einmal gefragt, wie du wirklich etwas Gutes tun und die Welt ein bisschen besser machen kannst?! Was muss ich tun, um etwas zu machen, was wirklich von bleibender Dauer oder Bedeutung ist? Solche Fragen haben sich Menschen auch vor 2000 Jahren schon gestellt. Jesus antwortete darauf mit einer Geschichte.*

SuS lesen in der Bibel Lk 10,25–37 (M1).

SuS äußern sich spontan zum Text und bringen Vorwissen ein.

Erarbeitung

L: *Stellt in Kleingruppen die für euch wichtigste Szene in Standbildern nach. Achtet auf den Körper- und Gesichtsausdruck der beteiligten Person(en). (A1)*

L: *Formuliere die Verben aus dem Gedicht in entsprechende Ich-Sätze um, die zeigen, wo du heute etwas Gutes tun kannst: Ich liebe meinen Nächsten … / Ich öffne meine Augen für … / Ich höre auf … / Ich lebe für … / Ich packe an, um … / Ich stehe auf, damit … Gestalte damit ein eigenes Gedicht. (A2)*

L: *Erörtert in der Gruppe, inwiefern das eigene Annehmen von Schwächen und Stärken Voraussetzung für ein Annehmen von Schwächen und Stärken eines/einer anderen sind. (A3)*

SuS stellen ihre Ergebnisse vor und diskutieren darüber.

Vertiefung

L: *Manchmal sind es gar nicht die ganz großen Dinge, die wir tun müssen. Oft sind es Kleinigkeiten, die wir tun könnten, um etwas Besonderes zu machen. Schlage in einem Lexikon das Wort „Barmherzigkeit" nach. Erläutere seine Bedeutung in eigenen Worten. (A1)*

L: *Betrachte das Bild von Heinrich Stegemann. Beschreibe, wie der Maler den Begriff „Barmherzigkeit" in Szene setzt. Achte dabei auch auf die Farben. (A2)*

L: *Erkläre, warum Jesus die Gottesliebe mit der Selbstannahme und Nächstenliebe auf eine Stufe stellt. (A3)*

SuS stellen ihre Ergebnisse vor und tauschen sich darüber aus.

Transfer

L: *Ergänzt in der Gruppe die Liste der Sätze „Warum ich schon wieder". Benennt zusammen vergleichbare Situationen, die euch in den letzten Tagen passiert sind. Wie habt ihr da gehandelt? Wie hättet ihr auch anders handeln können? (A4)*

SuS tragen ihre Ergebnisse vor.

Material 1

Lk 10,25–37

Der barmherzige Samariter als Beispiel

[25] Und siehe, ein Gesetzeslehrer stand auf, um Jesus auf die Probe zu stellen, und fragte ihn: Meister, was muss ich tun, um das ewige Leben zu erben? [26] Jesus sagte zu ihm: Was steht im Gesetz geschrieben? Was liest du? [27] Er antwortete: Du sollst den Herrn, deinen Gott, lieben mit deinem ganzen Herzen und deiner ganzen Seele, mit deiner ganzen Kraft und deinem ganzen Denken, und deinen Nächsten wie dich selbst. [28] Jesus sagte zu ihm: Du hast richtig geantwortet. Handle danach und du wirst leben! [29] Der Gesetzeslehrer wollte sich rechtfertigen und sagte zu Jesus: Und wer ist mein Nächster? [30] Darauf antwortete ihm Jesus: Ein Mann ging von Jerusalem nach Jericho hinab und wurde von Räubern überfallen. Sie plünderten ihn aus und schlugen ihn nieder; dann gingen sie weg und ließen ihn halbtot liegen. [31] Zufällig kam ein Priester denselben Weg herab; er sah ihn und ging vorüber. [32] Ebenso kam auch ein Levit zu der Stelle; er sah ihn und ging vorüber. [33] Ein Samariter aber, der auf der Reise war, kam zu ihm; er sah ihn und hatte Mitleid, [34] ging zu ihm hin, goss Öl und Wein auf seine Wunden und verband sie. Dann hob er ihn auf sein eigenes Reittier, brachte ihn zu einer Herberge und sorgte für ihn. [35] Und am nächsten Tag holte er zwei Denare hervor, gab sie dem Wirt und sagte: Sorge für ihn, und wenn du mehr für ihn brauchst, werde ich es dir bezahlen, wenn ich wiederkomme. [36] Wer von diesen dreien meinst du, ist dem der Nächste geworden, der von den Räubern überfallen wurde? [37] Der Gesetzeslehrer antwortete: Der barmherzig an ihm gehandelt hat. Da sagte Jesus zu ihm: Dann geh und handle du genauso!

Eucharistie – Dank feiern in Gemeinschaft (Sb S.156/157)

Inhaltsbezogene Kompetenzen

Die Schülerinnen und Schüler können die Bedeutung von Liturgie und Verkündigung für die Gemeinschaft der Glaubenden an einem Beispiel beschreiben, erklären oder entfalten (z.B. Eucharistie, Krankensalbung, Taizé-Liturgie).

Vorbereitung

L bringt Brot, Käse und Wurst für ein gemeinsames Frühstück mit.
SuS stellen ihre Tische so zusammen, dass ein Gemeinschaftsgefühl entsteht.

Motivation

L: *Wenn wir den Tisch gedeckt und die Speisen darauf gestellt haben, dann können wir uns alle an den Tisch setzen. Manche Familien fassen sich dann an den Händen, sprechen ein kurzes Gebet oder wünschen sich ganz einfach „Guten Appetit". Rituale, die uns für einen Moment aus dem normalen Tagesablauf herausheben, die uns diese Gemeinschaft besonders machen. Wir spüren in solchen Momenten durchaus auch die Dankbarkeit, dass wir nicht alleine sind und an einem gedeckten Tisch sitzen können. Ich lade euch ein zu einem gemeinsamen Frühstück. Lasst es euch schmecken.*
SuS essen miteinander.

Hinführung

L: *Wir haben nun miteinander gegessen. Die Eucharistiefeier möchte denselben Aspekt zum Ausdruck bringen: Wir sind Gott dankbar für das, was er uns in seiner Schöpfung geschenkt hat. Wir fühlen uns in der Gemeinschaft miteinander verbunden und lassen in dieser Gemeinschaft Jesus lebendig werden in Brot und Wein. Beides erinnert an das Abendmahl Jesu im Kreis seiner Jünger.*
SuS lesen „Eucharistie – Dank feiern in Gemeinschaft" (Sb S.156).

Erarbeitung

L: *Vergleiche die Bilder dieser Seite und Seite 114. Benenne Gemeinsamkeiten und Unterschiede. (A1)*
L: *Beschreibe das Besondere eines gemeinsamen Essens in deiner Familie. Erkläre die Rituale, die ihr zu Hause verwendet. (A2)*
L: *„Eucharistiefeier im Gottesdienst und gemeinsames Essen in der Familie: Das ist doch etwas ganz anderes, oder?" – Nimm Stellung zu dieser Behauptung. (A3)*
SuS stellen ihre Ergebnisse vor.

Vertiefung

L: *In Zagreb gibt es ein besonderes Museum: das Museum der zerbrochenen Beziehungen.*
SuS lesen „Gemeinschaft mit Jesus und untereinander" (Sb S.157).
L: *Erkläre den Sinn des Museums der zerbrochenen Beziehungen in Zagreb. (A1)*
L: *Vergleiche die Bilder des Plüschhasen aus der Fremde an den Freund/Freundin mit Bildern, die du an Freunde und/oder Freundinnen verschickst. (A2)*
L: *Erkläre mithilfe der Geschichte vom Zigarettenstummel die Bedeutung eines Sakraments und die Wirkung des Sakraments der Eucharistie in die Welt hinein. (A3)*

Was macht das Besondere von Taizé aus? (Sb S.158/159)

Inhaltsbezogene Kompetenzen

Die Schülerinnen und Schüler können die Bedeutung von Liturgie und Verkündigung für die Gemeinschaft der Glaubenden an einem Beispiel beschreiben, erklären oder entfalten (z.B. Eucharistie, Krankensalbung, Taizé-Liturgie).

Vorbereitung

L besorgt einen aktuellen Film(ausschnitt) über Taizé.

Motivation

L: *Wenn sich immer wieder Jugendliche aus verschiedenen Ländern auf den Weg machen, um einige Tage in Taizé zu verbringen, dann muss mehr dahinterstecken als ein Event, das man immer und überall haben kann.*
L zeigt Film(ausschnitt) über Taizé.
SuS äußern sich spontan dazu bzw. bringen Vorwissen ein.

Erarbeitung

L: *Betrachte die Bilder aus der Gemeinschaft von Taizé auf dieser und der folgenden Doppelseite. Beschreibe die Stimmung, die über diese Bilder transportiert wird. (A1)*
L: *Informiere dich über einen konkreten Tagesablauf in Taizé. Überlege und begründe, ob du einige Tage am Leben der Gemeinschaft von Taizé teilnehmen würdest. (A2)*
SuS stellen ihre Ergebnisse vor.

Transfer

L: *Was bedeutet Glück für dich? Beschreibe dies in einem kurzen Text. (A1)*
L: *Lies die Rede von Frère Alois (Sb S.159) und stelle dar, was für ihn Glück bedeutet. Vergleiche diese Vorstellung und deine Überlegungen aus Aufgabe 1. (A2)*
SuS tragen ihre Ergebnisse vor.

Vertiefung

L: *Erkläre die Ziele der Gemeinschaft von Taizé mit eigenen Worten. Beurteile dabei, inwiefern sich Gebet und Engagement für die Gesellschaft ergänzen und keine Gegensätze darstellen. (A3)*
SuS stellen ihre Beurteilungen vor und tauschen sich darüber aus.

Taizé – Bausteine für einen Moment im Geist der Gemeinschaft (Sb S.160/161)

Inhaltsbezogene Kompetenzen

Die Schülerinnen und Schüler können die Bedeutung von Liturgie und Verkündigung für die Gemeinschaft der Glaubenden an einem Beispiel beschreiben, erklären oder entfalten (z.B. Eucharistie, Krankensalbung, Taizé-Liturgie).

Vorbereitung

L besorgt Lieder/Songs aus Taizé.
L hält Liederbücher bereit.
L besorgt Schullaptops/Tablets für Internetrecherche, ggf. benutzen SuS ihr Smartphone.

Motivation

L spielt Lieder/Songs aus Taizé ein.
SuS hören sich die Lieder/Songs an und nehmen dazu Stellung.

Hinführung

L: *Bei Taizé-Gottesdiensten gibt es in der Regel einen einfachen Plan, der Raum für Gesänge, Gebete und kurze Bibeltexte bietet.*
SuS lesen „Taizé – Bausteine für einen Moment im Geist der Gemeinschaft" (Sb S.160).

Erarbeitung

L: *Welche Teile dieser Feier sprechen dich an? Fehlt dir etwas? Welche Fürbitten würdest du formulieren? Würdest du für eine Feier einen Teil davon lesen/vortragen? (A1)*
L: *Bereitet gemeinsam in der Gruppe mithilfe der Texte und Lieder ein Taizé-Gebet in eurer Religionsgruppe vor. Auf der Homepage der Gemeinschaft findet ihr weitere Texte und Lieder als Anregungen. (A2)*
SuS stellen ihre Ergebnisse vor.

Transfer

L: *Überlegt euch, wie ihr den Geist einer solchen Feier in die Welt hinaustragen könnt. Formuliert konkrete Aufgaben für euch, die ihr umsetzen könnt. (A3)*
SuS tragen ihre Ergebnisse vor.

„MissionarIn auf Zeit" – Abenteuer in der Nachfolge Jesu (Sb S.162/163)

Inhaltsbezogene Kompetenzen

Die Schülerinnen und Schüler können Möglichkeiten beschreiben, erläutern oder prüfen, wie Jugendliche am solidarischen Handeln der Kirche teilnehmen können (z.B. Compassion, Pflasterstube, Vesperkirche, Tafeln, Freiwilliges Soziales Jahr, Partnerschaft mit Peru).

Vorbereitung

L hält Liederbücher mit Liedern/Songs aus Taizé bereit.
L besorgt Schullaptops/Tablets für Internetrecherche, ggf. benutzen SuS ihr Smartphone.

Einstimmung

Gemeinsames Singen eines Taizé-Liedes.

Motivation

L: *Heute möchten viele Jugendliche nach ihrer Schulzeit für eine Weile ins Ausland gehen. Dort wollen sie fremde Kulturen entdecken und näher kennenlernen. Aber viele wollen dabei keinen Urlaub im eigentlichen Sinn verbringen, sondern vor Ort, am besten noch auf einem unbekannten Kontinent, mit Menschen und ihrer ganz anderen Art zu leben in Kontakt kommen. Eine Möglichkeit ist dabei das Programm „MissionarIn auf Zeit" (MaZ), das einige Ordensgemeinschaften jungen Frauen und Männern, die mit der Schule fertig sind, anbieten.*
L blendet www.maz-freiwilligendienst.de (Sb S.162) ein.
SuS lesen die Informationen und nehmen dazu Stellung.

Erarbeitung

L: *„Mitleben – Mitbeten – Mitarbeiten": Beschreibe den Unterschied zwischen der Zeit als „MissionarIn auf Zeit" und einem Urlaub im Ausland. (A1)*
L: *Erkläre die Faszination, die viele Jugendliche mit einer solchen Zeit verbinden. (A2)*
L: *Stelle eine Verbindung von einem solchen Engagement zur Botschaft Jesu her. (A3)*
SuS stellen ihre Ergebnisse vor.

Vertiefung

L: *Früher war das Wort „Missionar" eher belastet, weil es oft mit einem rücksichtslosen Vorgehen gegenüber der fremden Kultur, die verdrängt werden sollte, verbunden war. Beschreibe, welche Aufgaben und Ziele sich heute hinter einem Projekt wie MaZ verbergen. Vergleiche mit dem älteren Missions-Begiff. (A4)*
SuS nehmen dazu Stellung.

Transfer

L: *Klara berichtet über ihre Zeit in Gabun.*
SuS lesen „Wie geht das: MaZ werden?" (Sb S.163)
L: *Entwickelt in Kleingruppen Fragen, die ihr zu ihren Erfahrungen stellen wollt. Versucht dann, selbst Antworten zu geben. Recherchiert im Internet ggf. weitere Informationen, z.B. auf der Homepage der „MissionarInnen auf Zeit". (A1)*
SuS tragen ihre Fragen und Antworten vor und tauschen sich darüber aus.

Weltjugendtage – Begegnungen mit Jugendlichen aus anderen Ländern (Sb S.164/165)

Inhaltsbezogene Kompetenzen

Die Schülerinnen und Schüler können aktuelle Beispiele für das Wirken der Kirche in unserer Welt beschreiben, darstellen oder erläutern (z.B. Welttag des Friedens, Woche für das Leben, Weltjugendtage).

Vorbereitung

L besorgt Schullaptops/Tablets für Internetrecherche, ggf. benutzen SuS ihr Smartphone.
L hält einen Videoclip über den letzten Weltjugendtag bereit.

Motivation

L spielt einen Videoclip über den letzten Weltjugendtag ein.
SuS äußern sich spontan, stellen Vermutungen an.

Hinführung

L: *Der erste offizielle Weltjugendtag fand 1986 in Rom statt, ein buntes Fest der Begegnung von Jugendlichen mit Gebet, Gottesdiensten und vielen anderen Veranstaltungen und Konzerten.*
SuS lesen „Weltjugendtage – Begegnungen mit Jugendlichen aus anderen Ländern" (Sb S.164/165).

Erarbeitung

L: *Betrachte die Bilder und beschreibe die Wirkung, die diese Jugendbegegnung auf viele Jugendliche hat. (A1)*
L: *Fasse die Geschichte der Weltjugendtage zusammen und erläutere, welche Motivation hinter einer solchen Großveranstaltung steht. Vergleiche sie mit einem Jugendfestival mit Musik und Camp. (A2)*

Vertiefung

L: *Informiere dich, wo die nächsten Weltjugendtage stattfinden. Oft gibt es in den Bistümern Vorbereitungstreffen. (A3)*
SuS stellen ihre Ergebnisse vor.

Transfer

L: *Lies das Gebet zum Weltjugendtag in Panama 2019. Beschreibe das Bild von Kirche, das durch dieses Gebet vermittelt werden soll. Ergänze den Text mit eigenen Worten, die beschreiben, wie du an einer Gesellschaft mitbauen kannst, die „Gerechtigkeit und Gemeinschaft" leben will. Gestalte so ein persönliches Gebet. (A4)*
SuS tragen ihre Ergebnisse vor.

Das Compassion-Projekt (Sb S.166/167)

Inhaltsbezogene Kompetenzen

Die Schülerinnen und Schüler können Möglichkeiten beschreiben, erläutern oder prüfen, wie Jugendliche am solidarischen Handeln der Kirche teilnehmen können (z.B. Compassion, Pflasterstube, Vesperkirche, Tafeln, Freiwilliges Soziales Jahr, Partnerschaft mit Peru).

Vorbereitung

L besorgt Schullaptops/Tablets für Internetrecherche, ggf. benutzen SuS ihr Smartphone.

Motivation

L schreibt an TA/WB: „Compassion".
SuS äußern sich spontan, stellen Vermutungen an.

Hinführung

L: *„Compassion" ist ein Projekt sozialen Lernens an Schulen. Mehr dazu erfährst du im Sb S.166/167.*
SuS lesen „Das Compassion-Projekt".

Erarbeitung

L: *Erkläre das Compassion-Projekt. Gehe dabei auch auf eine passende Übersetzung des Begriffs „Compassion" ein. (A1)*
L: *Erläutere das Compassion-Projekt der Realschule St. Landolin. Benenne Einrichtungen, die du besucht hättest. Erläutere deine Erwartungen an eine solche Einrichtung. Nimm dabei die Erfahrungen der Schüler und Schülerinnen von St. Landolin zu Hilfe. (A2)*
SuS stellen ihre Ergebnisse vor.

Transfer/Gestaltung

L: *Recherchiere das Logo des Compassion-Projekts. Entwirf ein eigenes Logo, das ein Projekt in einer Einrichtung, die du besucht hättest (vgl. Aufgabe 2), nach außen ansprechend darstellt. (A3)*
SuS stellen ihre Ergebnisse vor.

Baustil Romanik

Innenfoto St. Michael Fulda

1. Hintergrundinformation

Im Mittelalter sind in Europa vor allem zwei große Bauepochen zu unterscheiden:
a) die Romanik (ca. 800–1250) und
b) die Gotik (1150–1500).

Fast alle wirklich großen und zumeist steinernen Bauwerke des Mittelalters diesseits der Alpen waren Sakralbauten. Die Hauptwerke der Romanik in Deutschland sind: St. Michael in Hildesheim und die Kaiserdome in Mainz, Worms und Speyer. Ihre meist anonymen Baumeister folgten vor allem römischen Vorbildern.

2. Bildbeschreibung

Wir sehen auf dem Bild das Innere der St. Michaelskirche in Fulda. Die Kirche wurde erbaut in der Zeit von 818–822. Es ist ein karolingischer Rundbau und stammt aus der Frühzeit der Romanik. Einige Merkmale der Romanik sind hier deutlich erkennbar:

- Rundbögen: Sie werden für Fenster, Portale und Gewölbe verwendet. Kleine Rundbogenfenster durchbrechen die dicken Mauern, sodass das Innere nahezu dunkel bleibt.
- Kräftige Säulen mit Würfelkapitellen als Abschluss.
- Mit Freskenmalereien ausgeschmückte Wände. Hier sind deutlich das Kreuz über dem Altar sowie Verzierungen über Säulen und Rundbogen erkennbar.
- Massive Steinmauern: Von außen sehen die Kirchen oft wie Burgen aus.

Autor: Reinhard Schlereth
Abbildungsverzeichnis: 1. akg-images, Berlin (Heiner Heine); 2. Wehner, Katja, Leipzig

Baustil Gotik

Kölner Dom

1. Hintergrundinformation

Die Veränderungen von der Romanik zur Gotik sind nicht allein auf technische Fortentwicklungen zurückzuführen, sondern liegen vor allem an der veränderten geistigen Haltung. Das Christentum wurde mehr und mehr als Religion der göttlichen Gnade und Liebe verstanden. Die ewigen göttlichen Maße und Gesetze sind in den Maßen des Bauwerks verwirklicht. Alles strebt vom Dunkel zum Licht Gottes nach oben. Die Welt und die Gläubigen sind hineingenommen in die Wirklichkeit Gottes.

2. Der Kölner Dom

Baugeschichte:
1248 Beginn des Neubaus
1248–1560 erster Bauabschnitt
1842–1880 Weiterbau und Vollendung

Maße:
Äußere Länge: 144,38 m, Westfassade: 61,54 m (Breite)
Höhe des Innenraums: 70 m
Höhe der Türme: Vierungsturm 109 m,
Nordturm 157,38 m, Südturm 157,31 m
Dachfirst: 61,10 m
Fenster: 10 000 qm Fläche
Dächer: 12 500 qm Fläche

3. Bildbeschreibung

An die Stelle der massiven Wände der Romanik sind dünne Wandflächen getreten, die in große Glasfenster aufgelöst werden. Die Raumwirkung entfaltet sich nach oben. Es entsteht der Eindruck von Leichtigkeit und Schwerelosigkeit. Das Licht der Fenster durchstrahlt das Kirchengebäude. An die Stelle des runden einfachen Gewölbes der Romanik sind Rippengewölbe getreten. Der romanische Rundbogen ist zu einem Spitzbogen geworden. Aus einfachen Säulen wurden vielfach gegliederte und hoch aufstrebende Pfeiler. Statt Freskenmalerei auf den Wänden befinden sich Figuren an den Säulen.

Autor: Reinhard Schlereth
Abbildungsverzeichnis: 1. ShutterStock.com RF, New York (Mikhail Markovskiy); 2. ShutterStock.com RF, New York (Uwe Aranas)

Ein tiefer Glaube prägt die hohen Dome

Das Freiburger Münster wurde von etwa 1200 bis 1513 erbaut, größtenteils im Stil der Gotik und Spätgotik. Gerade in der Zeit der gotischen Kathedralen waren die Menschen fasziniert von den hoch aufstrebenden Gebäuden, die vielen einen Eindruck von wichtigen Glaubenswahrheiten vermitteln konnten.

Beschreibe, was Menschen vor 500 Jahren bei ihrem ersten Besuch einer gotischen Kathedrale erlebt haben könnten.

_____

_____

_____

_____

Erinnere dich an deinen letzten Besuch einer Kirche. Was hast du beim Betreten dieser Kirche erlebt/gefühlt/gedacht?

_____

_____

_____

_____

Recherchiere im Internet Bilder und Informationen zu den Baustilen der Romanik und Gotik. Erkläre, inwiefern sich einzelne Elemente auf christliche Glaubensvorstellungen der damaligen Zeit beziehen.

_____

_____

_____

_____

Autor: Reinhard Schlereth
Abbildungsverzeichnis: 1. Getty Images Plus, München (iStock Editorial / taranchic); 2. ShutterStock.com RF, New York (Mikhail Markovskiy)

2021 – Jüdisches Leben in Deutschland

Im Jahr 2021 leben Jüdinnen und Juden nachweislich seit 1.700 Jahren auf dem Gebiet des heutigen Deutschlands.

Die jüdische Gemeinschaft begeht 2021 ein besonderes Jubiläum: Auf eine Anfrage aus Köln erließ der römische Kaiser Konstantin vor 1700 Jahren ein Edikt, wonach Juden in Ämter der Kurie und der Stadtverwaltung berufen werden konnten. Dieses Dekret aus dem Jahr 321 gilt als der älteste Beleg für die Existenz jüdischer Gemeinden auf dem Gebiet des heutigen Deutschlands.

Für Deutschland und die Jüdische Gemeinschaft ist 2021 ein Festjahr, an dem Vertreter aus den Bereichen Religion, Gesellschaft und Staat mitwirken. Bundeskanzlerin Merkel gratuliert der Jüdischen Gemeinschaft und sieht im Jubiläumsjahr eine herausragende Gelegenheit, sich die lange und reichhaltige Tradition jüdischer Kultur in Deutschland zu vergegenwärtigen. Es sei ein Wunder, ein unfassbarer Vertrauensbeweis und besonderer Grund für tiefe Dankbarkeit, dass jüdisches Leben nach dem Menschheitsverbrechen der Shoa in Deutschland wieder eine Heimat gefunden hat und auch heute unsere Gesellschaft bereichert, so Merkel. 1700 Jahre jüdisches Leben in Deutschland seien nun vor allem eines – „eine Geschichte mit Zukunft."

Jüdischer Vielfalt begegnen

Möglichst viele Menschen sollen die Möglichkeit haben, jüdischer Geschichte zu begegnen und ebenso den Alltag jüdischer Menschen in Deutschland besser kennenzulernen. Auf diese Weise wird zudem ein Zeichen gegen Antisemitismus gesetzt. Das Festjahr mit seinen zahlreichen Veranstaltungen und Projekten wird daher auch finanziell von der Bundesregierung unterstützt. Das Bundesinnenministerium fördert das Jubiläum mit insgesamt rund 22 Millionen Euro und die Beauftragte der Bundesregierung für Kultur und Medien stellt für einzelne Projekte weitere 1,6 Millionen Euro zur Verfügung.

Festakt markiert Auftakt

Den bundesweiten Auftakt des Jubiläumsjahres bildete am 21. Februar ein Festakt in der Kölner Synagoge. Mit seiner Ansprache eröffnete Bundespräsident Steinmeier das Jubiläumsjahr.

Steinmeier würdigte die Verdienste des Judentums, das „entscheidend zum Aufbruch Deutschlands in die Moderne beigetragen" habe. Juden hätten in der Philosophie, in der Kunst, Wissenschaft, Medizin oder auch Wirtschaft „unsere Geschichte mitgeschrieben und -geprägt und unsere Kultur leuchten lassen", so der Bundespräsident.

Aufblühendes jüdisches Leben ist „unermessliches Glück"

Dass es nach der Shoah wieder jüdisches Leben in Deutschland gebe, es „sogar neu aufblüht", sei ein „unermessliches Glück für unser Land", betonte Steinmeier. Für das Festjahr wünsche er sich ein klares Bekenntnis, dass „Jüdinnen und Juden in Deutschland ein Teil von uns sind" – sowie ein entschiedenes Entgegentreten denen gegenüber, „die das noch oder wieder infrage stellen". Die Bundesrepublik sei „nur vollkommen bei sich, wenn Juden sich hier vollkommen zu Hause fühlen". Das sei der Auftrag aus 1.700 Jahre Geschichte jüdischen Lebens in Deutschland.

Autor: Reinhard Schlereth
Textquelle: 1.700 Jahre – eine Geschichte mit Zukunft (21.02.2021) Unter: https://www.bundesregierung.de/breg-de/suche/1700-jahre-juedisches-leben-1854114 (Zugriff 25.08.2021, gek.)

7. Religionen und Weltanschauungen (Sb S.169)

Inhaltsbezogene Kompetenzen des Kapitels

Die Schülerinnen und Schüler können Erscheinungsformen einer fernöstlichen Religion sowie einer religiösen Sondergemeinschaft oder einer weltanschaulichen Gruppe darstellen. Sie können Aspekte einer fernöstlichen Religion sowie einer religiösen Sondergemeinschaft oder weltanschaulichen Gruppe erklären. Sie können die Bedeutung von Religion für die persönliche Identität und das friedliche Zusammenleben erläutern.

Religionen und Weltanschauungen (Sb S.169)

Inhaltsbezogene Kompetenzen

Wiederholung Religionen und Weltanschauungen Klasse 5 bis 8

Vorbereitung

L stellt die Bilder aus der Vorlage (M1) oder ähnliche Bilder von Gebetsorten der Religionen zu einer kurzen Präsentation/auf Folie zusammen.

Motivation

L zeigt nacheinander die Bilder.
SuS beschreiben, was sie auf den Bildern erkennen können.

Themenfindung

Aus der Bildbeschreibung soll sich ein Unterrichtsgespräch entwickeln über die Gebetspraxis der jeweiligen Religionen – soweit sie aus den Bildern heraus deutlich wird.
SuS aktivieren dazu ihr Vorwissen zu den verschiedenen Gebetsorten, Gegenständen, Körperhaltungen und Riten.
L hält die von SuS genannten Stichpunkte für das Judentum, das Christentum, für den Islam und Buddhismus/Hinduismus als tabellarischen Überblick an der Tafel fest.

Erarbeitung

L: *Wir haben gerade viele Stichpunkte gesammelt, wie und wo in den verschiedenen Religionen gebetet wird. Und jetzt schaut euch dazu einmal dieses Bild an ...*
SuS betrachten das Bild vom Gebetsraum am Flughafen Köln (Sb S.169).
L: *Betrachte und beschreibe das Foto des Gebetsraumes am Flughafen in Köln. Welche Besonderheit fällt dir auf? (A1)*

Vertiefung

L: *Stell dir vor, du wärst beauftragt, als Innenarchitekt/in diesen Gebetsraum zu gestalten. Wie würde er aussehen? Zeichne dazu einen Grundriss und was sich an Gegenständen darin finden würde (Stühle, Bilder, Figuren ...).*
SuS setzen diese Aufgabe kreativ in Einzelarbeit um.

Transfer

L: *An einem internationalen Flughafen kommen Menschen aus verschiedenen Religionen und Kulturen zusammen.*
L: *Erstellt in Partnerarbeit einen Flyer, der am Flughafen ausliegen würde und der die Passagiere einlädt, für einige Zeit im Gebetsraum zu verweilen.*
SuS gestalten einen Flyer und präsentieren ihn der Klasse.

Hausaufgabe

L: *„Den Frieden ins Rollen bringen" – Recherchiere im Internet zum Projekt „Friedensstein" des Künstlers Michael Flossbach: Der Stein soll etappenweise von Deutschland aus zuerst nach Jerusalem, dann um die ganze Welt rollen. Stelle eine Vermutung auf, welche Gedanken der Künstler damit zum Ausdruck bringen möchte. (A2)*

Material 1

Gebetsräume der Religionen

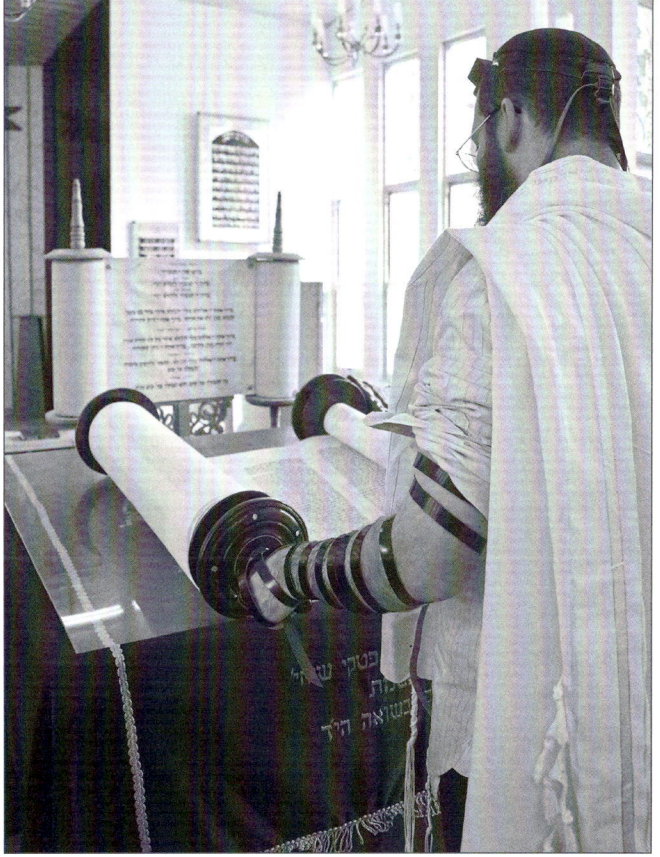

Nun sag, wie hast du's mit der Religion? (Sb S. 170/171)

Inhaltsbezogene Kompetenzen

Die Schülerinnen und Schüler können an Beispielen aufzeigen, beschreiben oder erläutern, wie Religion persönliche Identität und sinnstiftende Glaubensgemeinschaft ermöglichen kann.

Vorbereitung

L vergrößert den Cartoon „Auskunft" von Jan Tomaschoff (Sb S. 170).

Motivation

L blendet den Cartoon „Auskunft" von Jan Tomaschoff (Sb S. 170) ein.
L: *Betrachte den Cartoon und gib eine Auskunft auf die darin gestellte Frage. (A1)*

Erarbeitung

L: *Die Frage nach dem Sinn des Lebens zu beantworten ist gar nicht so einfach. Erstellt in Kleingruppen eine Mindmap zur Frage, was ein Leben mit Sinn füllen kann. Berücksichtigt dabei auch, woran sich Menschen orientieren und welche Personen oder Institutionen Halt versprechen. (A2)*
SuS bearbeiten diese Aufgaben und stellen sie den anderen Gruppen vor.
SuS lesen im Anschluss „Nun sag, wie hast du's mit der Religion?" (Sb S. 170).
L: *Vieles kann ein Leben mit Sinn füllen, die Frage nach dem Sinn des eigenen Lebens wird dennoch jeder für sich selbst beantworten müssen.*
L: *Finde auf sieben Sinnfragen eine persönliche Antwort. (vgl. A3)*
SuS bearbeiten dazu das AB „Was ist der Sinn des Lebens? Meine Antworten" (KV 30).

Vertiefung

L: *Bei solchen und ähnlichen Fragen wie die, die du gerade für dich zu beantworten versucht hast, möchten auch Religionen Antworten geben ...*
SuS lesen Sb S. 171 oben.
L: *Auf dem Bild siehst du Symbole der fünf großen Weltreligionen. Überlege, welche Antworten die Religionen auf die Sinn-Fragen bieten können. (A1)*
SuS äußern sich dazu im Unterrichtsgespräch.

Transfer

L: *Jugendliche haben oft ihre eigenen Vorstellungen, welche Bedeutung Religionen und das Religiöse in ihrem Leben haben.*
SuS lesen die Aussagen der Jugendlichen im Sb S. 171.
L: *Welche Aussage ist deiner am nächsten? Formuliere deine Meinung in eigenen Worten. (A3)*
SuS schreiben ihre Aussage in Einzelarbeit auf und tragen sie der Klasse vor.

Hinduismus (Sb S. 172/173)

Inhaltsbezogene Kompetenzen

Die Schülerinnen und Schüler können benennen, darstellen oder herausarbeiten, wie die Weltreligion Buddhismus oder die Weltreligion Hinduismus in Umfeld und Medien sichtbar wird.

Vorbereitung

L sucht im Internet nach traditioneller indischer (Hindu-) Musik.
L hält ein OM-Mantra (zu finden z. B. auf YouTube) bereit.
L besorgt Tonpapier für Plakate.

Motivation

L: *Ihr werdet gleich Musik hören, die euch in eine andere Welt mitnehmen wird. Überlegt euch während des Hörens, welche Bilder euch dabei in den Kopf kommen.*
L spielt Musik vor.
SuS äußern sich spontan, was sie mit dieser Musik assoziieren.

Erarbeitung

L: *Euch sind vielleicht Bilder vom Land und von der Kultur Indiens oder auch von dessen Religion gekommen: dem Hinduismus. Versucht nun, alle eure Bilder und Gedanken zusammenzutragen.*
L: *Sammelt in der Gruppe in einem Brainstorming euer Vorwissen zum Hinduismus und gestaltet dazu ein Plakat. (A1 und A2)*
SuS gehen in Kleingruppen zusammen und bearbeiten die beiden Aufgaben. Dabei können sie auch auf die Kultur Indiens Bezug nehmen. Anschließend präsentieren die Schüler ihre Plakate.
SuS lesen erst jetzt „Hinduismus" (Sb S. 172/173) und vergleichen diese Informationen mit dem Inhalt ihrer Plakate.

Vertiefung

L: *Hinduismus – bekannte Begriffe und doch eine für uns in Europa meist unbekannte Religion. Notiere, was dich besonders interessiert, als Fragen an die Religion Indiens. (A1)*
SuS überlegen sich in Einzelarbeit Fragen, die sie im Unterrichtsgespräch vortragen.
L sammelt die Fragen auf einer Folie; diese können während des Kapitels schrittweise beantwortet werden.

Abschlussübung

L: *OM ist eine Silbe, die bei Yoga-Meditationen gesprochen wird. Ich möchte euch zum Abschluss der Stunde einmal einladen, selbst ein bisschen zur Ruhe zu kommen und euch in eine kurze Meditation einzufinden.*
L lädt SuS ein, eine bequeme Position einzunehmen, die Augen zu schließen und auf einen ruhigen, gleichmäßigen Atem zu achten.
L spielt danach die OM-Meditation ein.
SuS berichten von ihren Erfahrungen.

Hausaufgabe

L: *Recherchiere im Internet, wo der Hinduismus, wie z. B. auf den Fotos, in deinem Umfeld sichtbar wird. (A2)*

Das Leben im Hinduismus (Sb S.174/175)

Inhaltsbezogene Kompetenzen

Die Schülerinnen und Schüler können Aspekte aus hinduistischen Lehren (Göttervielfalt, Kastenwesen und religiöser Alltag, Karma und Reinkarnation) beschreiben, darstellen oder erläutern.

Vorbereitung

SuS benötigen für diese Stunde ihr Smartphone mit einer QR-Scanner-App.

Motivation

L schreibt an die Tafel die Worte „Ewige Ordnung".
SuS äußern sich dazu, was mit diesem Begriff gemeint sein könnte.
L: *Im Hinduismus unterliegt alles einer „Ewigen Ordnung", die dort „Dharma" genannt wird. Was damit gemeint ist und was sie umfasst, lernen wir im folgenden Text kennen.*

Erarbeitung

SuS lesen „Das Leben im Hinduismus" (Sb S.174).
L: *Erkläre das Ritual, eine Gottheit wie einen Gast zu begrüßen und ihn zum Essen einzuladen. (A1)*
SuS erläutern dies im Unterrichtsgespräch.
L: *Wie wir an den Texten und Bildern sehen: die Gebetspraxis zielt auch sehr auf die menschlichen Sinne: Vergleiche und beschreibe Parallelen im Christentum zu den Gebets- und Festriten des Hinduismus. (A2)*
SuS gehen in PA zusammen und arbeiten die Parallelen heraus. Zusammenfassung im Plenum.
L: *Die religiöse Praxis im Hinduismus umfasst aber nicht nur Gebete und Feste. Erfahren wir jetzt mehr!*
SuS lesen im Sb S.175.

Vertiefung

L: *Recherchiere im Internet mithilfe deines Smartphones und des ABs „Pilgerorte im Hinduismus" (KV 31; Lösung: KV 32) nach weiteren heiligen Orten des Hinduismus. Erkläre die Entstehung und Bedeutung dieser Orte. (vgl. A1)*
SuS bearbeiten die Fragen auf dem AB in Einzelarbeit. Die QR-Codes führen direkt zu Lexikoneinträgen. Ergebnissicherung im Plenum.

Transfer

L: *Auch im Christentum gibt es heilige Orte: Welche heiligen Orte im Christentum kennst du? Welche Gemeinsamkeiten und Unterschiede gibt es zur Bedeutung der heiligen Orte im Hinduismus? (A2)*
SuS äußern sich dazu im Unterrichtsgespräch.

Die Götter der Hindus (Sb S.176/177)

Inhaltsbezogene Kompetenzen

Die Schülerinnen und Schüler können Aspekte aus hinduistischen Lehren (Göttervielfalt, Kastenwesen und religiöser Alltag, Karma und Reinkarnation, Brahman, Atman) oder aus buddhistischen Lehren (der Weg des Siddhartha Gautama, Legende von den vier Ausfahrten, Karma und Reinkarnation, Meditation und Erleuchtung, vier edle Wahrheiten, achtfacher Pfad) beschreiben, darstellen oder erläutern.

Vorbereitung

L vergrößert das Bild des Hindu-Tempel aus Sb S.176 oder sucht im Internet nach einem ähnlichen Bild, auf dem man Götterfiguren gut erkennen kann.

Motivation

L zeigt das Bild.
SuS beschreiben und aktivieren ihr Vorwissen zur Götterwelt der Hindus.
L: *Auf dem Bild sind einige Gottheiten der Hindus dargestellt. Welche und wie viele Götter es gibt, erfahren wir im Sb S.176.*

Erarbeitung

SuS lesen Sb S.176 und erklären die kurze Erzählung im gelben Kasten mit eigenen Worten.
L: *Vergleiche die Gottesvorstellungen des Hinduismus mit dem christlichen Bekenntnis: „Gott hat sich in Jesus Christus uns Menschen offenbart." (A1)*
SuS antworten im Unterrichtsgespräch.
L: *Wir haben die Erzählung vom Weisen Yajnavalkya gelesen: Nimm Stellung zu folgender Aussage: „Christentum, Judentum und Islam glauben an einen Gott, Hindus glauben an viele Götter." (A2)*
SuS beziehen Stellung.
L: *Das eine Göttliche, das sich im Hinduismus auf vielfache Weise, in vielen Göttern, zeigt, durchdringt die ganze Welt und alle Lebewesen. Erkläre, welche Konsequenzen es hat, in allen Dingen etwas Göttliches zu sehen. (vgl. A3)*

Vertiefung

SuS lesen Sb S.177.
L: *Wir haben gerade verschiedene bekannte Götter kennengelernt. Viele Inder und Inderinnen wählen sich einen Lieblingsgott. Welchen würdest du wählen? Begründe. (A1)*

Transfer

L: *Die Götter im Hinduismus haben auch verschiedene Eigenschaften und Aufgaben.*
L: *Erörtert in der Gruppe, inwiefern wir im Christentum in Gott alle Eigenschaften finden, die die Hindus auf ihre Götter aufteilen. Begründet dies mit passenden biblischen Erzählungen, die ihr kennt. (A2)*
SuS gehen in Kleingruppen zusammen und bearbeiten die Aufgabe mithilfe des ABs „Die Eigenschaften der Götter des Hinduismus – auch Eigenschaften des Gottes der Christen?" (KV 33), indem sie notieren, wie sich Gott in biblischen Geschichten von verschiedenen Seiten zeigt.

Karma (Sb S.178/179)

Inhaltsbezogene Kompetenzen

Die Schülerinnen und Schüler können Aspekte aus hinduistischen Lehren (Göttervielfalt, Kastenwesen und religiöser Alltag, Karma und Reinkarnation, Brahman, Atman) oder aus buddhistischen Lehren (der Weg des Siddhartha Gautama, Legende von den vier Ausfahrten, Karma und Reinkarnation, Meditation und Erleuchtung, vier edle Wahrheiten, achtfacher Pfad) beschreiben, darstellen oder erläutern.

Motivation

L schreibt das Wort „Karma" an die Tafel.

SuS berichten, wo ihnen das Wort Karma schon einmal begegnet ist. Dabei können sie auch selbst von Beispielen erzählen, in denen ihnen „Karma" widerfahren ist: wo sie etwas Gutes/Schlechtes getan haben, das (unmittelbar) gute oder schlechte Folgen hatte.

Erarbeitung

L: *Das Wort Karma, das wir in unserem Alltag verwenden, entstammt aus hinduistischen Lehren. Davon erfahren wir im Sb S.178.*

SuS lesen „Karma" (Sb S.178) und erklären den Karma-Begriff nochmals mit eigenen Worten.

L: *Interpretiert vom Karma-Gedanken her Redewendungen wie „Wer anderen eine Grube gräbt ..." oder „Wie man in den Wald hineinruft ...".(A3)*

SuS versuchen eine Antwort im Unterrichtsgespräch.

L: *Wer Gutes tut, dem widerfährt Gutes. Aber was ist mit Menschen, denen es schlecht geht? Die Bibel gibt eine Antwort ...*

SuS lesen in der Kleingruppe den Lk-Text auf dem AB „Die Geschichte vom armen Lazarus – und Karma?" (KV 34) und beantworten die Fragen (vgl. A1 und A2). Austausch im Plenum.

Vertiefung

L: *In der Lazarus-Geschichte klingt bereits die Vorstellung einer Auferstehung an. Anders stellen sich die Hindus ein Weiterleben nach dem Tod vor.*

SuS lesen Sb S.179.

L: *Auch bei uns glauben viele Menschen an eine Wiedergeburt. Benenne Gründe dafür. (A1)*

L: *Beschreibe, welche Folgen die Lehre vom Karma und der Wiedergeburt für eine Gesellschaft haben müsste. (A2)*

SuS diskutieren die Fragen gemeinsam im Unterrichtsgespräch.

Transfer

L: *Vergleiche die Vorstellung einer Wiedergeburt mit dem christlichen Auferstehungsglauben. Lies dazu noch einmal die Seiten 122/123. An welche Vorstellung kannst du eher glauben? Begründe.*

Samsara und Moksha (Sb S.180/181)

Inhaltsbezogene Kompetenzen

Die Schülerinnen und Schüler können Aspekte aus hinduistischen Lehren (Göttervielfalt, Kastenwesen und religiöser Alltag, Karma und Reinkarnation, Brahman, Atman) oder aus buddhistischen Lehren (der Weg des Siddhartha Gautama, Legende von den vier Ausfahrten, Karma und Reinkarnation, Meditation und Erleuchtung, vier edle Wahrheiten, achtfacher Pfad) beschreiben, darstellen oder erläutern.

Vorbereitung

L bereitet Bild vom „Rad des Lebens" (Sb S.180) digital vor.

Motivation

L blendet das Bild vom „Rad des Lebens" ein.
L: *Betrachte das Bild „Rad des Lebens". Beschreibe, was du darin erkennen kannst. (A1)*
SuS beschreiben das Bild und gehen dabei auch auf das Symbol des Rads ein.
L: *Dieses Rad in der Bildmitte ist ein Symbol für den endlosen Kreislauf von Leben und Wiedergeburten. Doch gibt es für einen Hindu daraus kein Entkommen?*

Erarbeitung

SuS lesen „Samsara und Moksha" (Sb S.180/181) und fassen die Begriffe noch einmal zusammen:
L: *Erkläre den Zusammenhang von Atman, Brahman, Karma und Moksha. (A2)*
SuS verdeutlichen die Begriffe mit eigenen Worten.
L: *Beschreibe, welche Gemeinsamkeiten und welche Unterschiede die drei Wege haben. Überprüfe anschließend, inwiefern alle drei Wege miteinander zusammenhängen. (A1)*
SuS gehen in PA zusammen und arbeiten Unterschiede und Gemeinsamkeiten heraus. Anschließend bringen sie ihre Ergebnisse im Plenum ein.
L: *Welcher Weg spricht dich am meisten an? Begründe deine Aussage. (A2)*

Vertiefung

L: *Nach christlicher Vorstellung sind die Menschen schon erlöst und vor Gott gerechtfertigt. Das hat Auswirkungen auf das religiöse Leben und die Beziehung zu Gott.*
L: *Vergleiche die drei Erlösungswege mit christlichen Ritualen und Riten. (A3)*
SuS bearbeiten die Aufgabe mithilfe des ABs „Erlösungswege – im Hinduismus und Christentum" (KV 35; Lösung: KV 36).

Transfer

L: *Erkläre, was es für das Leben eines Christen/einer Christin bedeutet zu wissen, schon erlöst zu sein. (vgl. A3)*

Soziales Dharma – Leben in Kasten (Sb S.182/183)

Inhaltsbezogene Kompetenzen

Die Schülerinnen und Schüler können Aspekte aus hinduistischen Lehren (Göttervielfalt, Kastenwesen und religiöser Alltag, Karma und Reinkarnation, Brahman, Atman) oder aus buddhistischen Lehren (der Weg des Siddhartha Gautama, Legende von den vier Ausfahrten, Karma und Reinkarnation, Meditation und Erleuchtung, vier edle Wahrheiten, achtfacher Pfad) beschreiben, darstellen oder erläutern.

Vorbereitung

L kopiert die Rollenkarten „Die Abschlussfeier" (KV 37) für jede Gruppe.
L besorgt DIN-A3-Papier für das Schreibgespräch.

Einstimmung/Themenfindung

L teilt die Klasse in fünf Gruppen ein und positioniert sie in der Klasse: die Gruppen eins bis drei werden näher zueinander gestellt, die vierte Gruppe weiter weg, die fünfte z. B. nach hinten an die Wand.
L verteilt an jede Gruppe eine Rollenkarte. Die Gruppen lesen sich gegenseitig, beginnend mit Gruppe eins, ihre Rolle vor und äußern sich spontan dazu, wie sie sich dabei fühlen. Die SuS setzen sich nun in 5er-Gruppen zusammen (je ein S aus jeder Gruppe) und beginnen ein Schreibgespräch, wie sie sich in ihrer Rolle fühlen und was sie zur Rolle der anderen denken.
SuS berichten nach der Übung über ihre Erfahrungen.

Erarbeitung

L: *Sicherlich habt ihr gespürt, wie ungerecht diese Rollen verteilt sind. Vielleicht kann euch diese Erfahrung helfen, wenn wir einen Blick auf die hinduistische Gesellschaft werfen.*
SuS lesen „Soziales Dharma – Leben in Kasten" (Sb S.182/183).
L: *Erörtert in der Gruppe, welche Auswirkungen (Vor- und Nachteile) die vorgestellte religiös begründete Gesellschaftsordnung hat. (A1)*
SuS gehen in dieselben 5er-Gruppen wie zu Beginn der Unterrichtsstunde zusammen und arbeiten Vor- und Nachteile heraus. Anschließend bringen sie ihre Ergebnisse im Plenum ein.

Vertiefung/Transfer

L: *Der Journalist Günter Wallraff sagt, dass Deutschland inzwischen auch ein Kastensystem (z. B. in Bezug auf Bildungschancen, berufliche Stellung oder sozialen Umgang) habe. Erörtert in der Gruppe, ob er mit seiner Aussage Recht hat, und überlegt, welche „Kasten" ihr in unserer Gesellschaft vermutet. Diskutiert auch, inwiefern Religionen hier „gegensteuern" können. (A2)*
SuS gehen nun in PA zusammen und ergänzen das AB „Kastenwesen in Deutschland?" (KV 38) mit dem „Kastensystem" in Deutschland, in dem sie Kasten/soziale Gruppen benennen, die es ihrer Meinung nach in Deutschland gibt.

Augen auf bei Frust und Problemen: Der Weg in eine religiöse Sondergemeinschaft (Sb S.184/185)

Inhaltsbezogene Kompetenzen

Die Schülerinnen und Schüler können skizzieren, beschreiben oder erläutern, welche Gefährdungen von einer religiösen Sondergemeinschaft oder weltanschaulichen Gruppe ausgehen können.

Vorbereitung

L kopiert das AB „Fragebogen" (KV 39).

Motivation/Themenfindung

L: *Wir Menschen leben nicht gerne allein, sondern in vielen Gemeinschaften und Gruppen zusammen. Was ist dir dabei wichtig? Ich habe dazu einen kurzen Fragebogen (KV 39) erstellt.*
L verteilt den Fragebogen, ohne näher auf ihn einzugehen.
SuS kreuzen den Fragebogen an und berichten davon, was ihnen wichtig ist.
L: *Egal, was du jetzt als „sehr wichtig" angekreuzt hast: es gibt Gruppen, die dir genau das auch immer bieten, was du am meisten bei Gruppen suchst und erwartest. Und bei manchen Gruppen und Angeboten gerät man schnell in eine Abhängigkeit. Oft beginnt das Ganze sehr unscheinbar ...*

Erarbeitung

SuS lesen „Augen auf bei Frust und Problemen" (Sb S.184).
L: *Lies dir die Zitate durch. Erkläre, welche Menschen besonders gefährdet sind, sich religiösen Sondergemeinschaften zuzuwenden. (A1)*
SuS nehmen dazu Stellung.
L: *Tragt in der Gruppe euer Vorwissen zum Thema „religiöse Sondergemeinschaften und Sekten" in einer Mindmap zusammen. (A2)*
SuS erstellen in Kleingruppen eine Mindmap und präsentieren sie der Klasse.

Vertiefung

L: *Ihr wisst bereits einiges über die Gefahren von Sekten und religiösen Sondergemeinschaften. Aber warum geraten Menschen dennoch oft und leicht in solche Gruppen hinein?*
SuS lesen im Sb S.185.
L: *Versetze dich in die Lage einer Person, die von einer religiösen Sondergemeinschaft angeworben wird. Schreibe eine Reportage, in der du schilderst, was diese Person in den ersten zwei Phasen erlebt. (A1)*
SuS schreiben in Einzelarbeit ihren Bericht und tragen ihn der Klasse vor.

Transfer

L: *Überlegt: Welche anderen Wege gäbe es für Menschen in Notsituationen, die sie nicht in eine Abhängigkeit führen? (A2)*
SuS äußern sich dazu im Unterrichtsgespräch.

Gurus und Gehirnwäschen – Gefahren religiöser Sondergemeinschaften (Sb S.186/187)

Inhaltsbezogene Kompetenzen

Die Schülerinnen und Schüler können skizzieren, beschreiben oder erläutern, welche Gefährdungen von einer religiösen Sondergemeinschaft oder weltanschaulichen Gruppe ausgehen können.

Vorbereitung

L kopiert das AB „Annonce" (KV 40).

Motivation

L teilt die Annonce (KV 40) aus.
SuS lesen sie sich in PA durch und markieren alle Stellen, die bei ihnen Misstrauen hervorrufen.
SuS tauschen sich über die Annonce aus, indem sie ihr Misstrauen gegenüber solchen Versprechen begründen.
L: *Es gibt Menschen, die sich von solchen Äußerungen und Versprechen blenden lassen. Bei ihnen „schnappt" die Falle zu …*

Erarbeitung

SuS lesen „Gurus und Gehirnwäschen" (Sb S.186/187) und fassen die einzelnen Kriterien nochmals mit eigenen Worten zusammen.
L: *Erkläre folgenden Satz eines Aussteigers, der eine religiöse Sondergemeinschaft verlassen hat: „Bleiben ist einfacher als gehen." (A1)*
L: *Das Bild kann verdeutlichen, dass bleiben einfacher ist, als gehen.*
L: *Erläutere, inwiefern das Bild die Mitglieder einer religiösen Sondergemeinschaft darstellt. (A2)*
SuS beschreiben das Bild und stellen einen Bezug zu religiösen Sondergemeinschaften her.

Vertiefung/Transfer

L: *Ihr habt zu Stundenbeginn eine Annonce untersucht, die für eine religiöse Sondergemeinschaft wirbt.*
L: *Gestaltet nun in Kleingruppen einen Flyer, mit dem ihr auf die Gefährdungen durch religiöse Sondergemeinschaften aufmerksam macht. (A3)*
SuS gehen in Kleingruppen zusammen und gestalten einen Flyer mit Texten und ergänzen ihn durch Zeichnungen.
SuS präsentieren ihre Flyer in der Klasse.

Scientology – Alles clear? (Sb S.188/189)

Inhaltsbezogene Kompetenzen

Die Schülerinnen und Schüler können die Heilsversprechen und Sinnangebote einer religiösen Sondergemeinschaft oder weltanschaulichen Gruppe beschreiben, erläutern oder analysieren, die ihnen in ihrem Umfeld oder in Medien begegnen.

Vorbereitung

L hält M1 bereit.
L besorgt Schullaptops/Tablets für Internetrecherche, ggf. benutzen SuS ihr Smartphone.

Motivation

L blendet das Foto und den Internetlink (M1) ein.
L: *Auf dem Foto seht ihr L. Ron Hubbard, einen erfolgreichen Science-Fiktion-Autor und Gründer von Scientology.*
Recherchiert mithilfe des Internetlinks (M1) und der Schulbuchseite 188 über L. Ron Hubbard.

Erarbeitung

SuS lesen „Scientology – Alles clear?" (Sb S.188/189).
L: *Beziehe Stellung zu den Lehren, die L. Ron Hubbard entwickelt hat. (A2)*
SuS nehmen Stellung zur Person L. Ron Hubbards und seinen Lehren.
L: *Tom Cruise, John Travolta, Elisabeth Moss – diese und noch weitere Prominente bekennen sich zu Scientology. Erörtert in der Gruppe, inwiefern prominente Mitglieder wie diese für Scientology von besonderer Bedeutung sind. (A1)*
SuS gehen in Gruppen zusammen und suchen nach weiteren prominenten Scientology-Anhängern. Sie diskutieren die Bedeutung solcher Personen in der Gruppe.

Vertiefung/Transfer/Hausaufgabe

L: *Scientology bedient sich einer ganzen eigenen Lehre mit eigenen Begriffen.*
L: *Erstelle eine Übersicht aller Begriffe dieser Doppelseite und gib eine kurze Erklärung zu den Begriffen.*
Suche in Online-Lexika nach weiteren Begriffen zu Scientology. Gestalte aus Begriffen und Bildern deine eigene Collage zu „Scientology".
SuS bearbeiten die Aufgabe in Einzelarbeit. Empfehlenswert für die Online-Recherche ist die Seite planet-wissen.de. Ihre Collage präsentieren die SuS in der Folgestunde.

Material 1

L. Ron Hubbard (1911–1986) – Der Gründer von Scientology

https://www.welt.de/kultur/article1004641/Warum-Scientology-gerade-Schauspieler-anzieht.html

In den Fängen von Scientology (Sb S. 190/191)

Inhaltsbezogene Kompetenzen

Die Schülerinnen und Schüler können die Heilsversprechen und Sinnangebote einer religiösen Sondergemeinschaft oder weltanschaulichen Gruppe erläutern, die ihnen in ihrem Umfeld oder in Medien begegnen.

Vorbereitung

L bereitet das Bild „Angebot eines kostenlosen Stresstests von Scientology" aus Sb S. 191 zur digitalen Ansicht vor.

Motivation/Einstimmung

L: *Stellt euch vor: Ihr lauft in der Stadt durch die Fußgängerzone und kommt an einem Stand vorbei, an dem ihr folgendes aufgebaut seht …*
L blendet das Bild aus Sb S. 191 ein. SuS beschreiben, was sie sehen und erklären dabei den Begriff Dianetik.
L: *Diese und weitere Begriffe stehen im Zusammenhang mit Scientology, über die ihr letzte Stunde und als Hausaufgabe recherchiert habt.*
SuS präsentieren ihre Collagen.

Erarbeitung

L: *In einer Fußgängerzone begann auch die Geschichte von Daniel …*
SuS lesen Sb S. 191.
L: *Beschreibe, wie der Bericht von Daniel auf dich wirkt. (A1)*
SuS äußern sich dazu im Unterrichtsgespräch.

Vertiefung

L: *„Auf einmal war mir klar, was zu tun war. Ich musste aussteigen." Das ist das Ende der Erzählung von Daniel hier im Buch. Aber wie könnte es weitergehen?*
L: *Schreibe einen Text, z. B. eine Reportage, darüber, was Daniel wohl bei seinem Ausstieg erlebt haben könnte. (A2)*
SuS schreiben in Einzelarbeit einen Bericht über Daniels Ausstieg und lesen ihn anschließend in der Klasse vor.

Transfer

L: *Wir haben gesehen, wie schnell sich Daniel im Netz von Scientology verfangen hat. Ihr habt in euren Berichten gezeigt, wie schwer es ist, auszusteigen …*
SuS lesen Sb S. 191.
L: *Auch was wir hier lesen, passt zu den Strukturen religiöser Sondergemeinschaften wie Scientology. Beurteile Scientology mithilfe der sechs Kriterien von Seite 186/187. (vgl. A3)*
SuS gehen für diese Aufgabe in Partnerarbeit zusammen.

Weiterführung

Im Anschluss an die Unterrichtsstunde empfiehlt sich der Film „Bis nichts mehr bleibt."

All religions are true?! (Sb S.192/193)

Inhaltsbezogene Kompetenzen

Die Schülerinnen und Schüler können die Verantwortung der Religionen für Toleranz, Gewaltfreiheit und eine menschenwürdige Zukunft beschreiben, darstellen oder herausarbeiten.

Vorbereitung

L kopiert das AB „Alle Religionen sind wahr!?" (KV 41).

Motivation/Einstimmung

L schreibt den Satz „Alle Religionen sind wahr" an die Tafel und erklärt den Arbeitsauftrag.

L: *Bei diesem Satz fehlt das Satzzeichen am Ende. Nimm zunächst einmal schriftlich Stellung zu diesem Satz. Was sagst du zu dieser Aussage? Stimmst du ihr zu oder hast du Schwierigkeiten damit? Lass dir dabei Zeit. Lies dir deinen fertigen Text noch einmal durch und entscheide, ob du ein Fragezeichen oder ein Ausrufezeichen hinter diesen Satz setzt.*

SuS schreiben in Einzelarbeit ihre Meinung zu diesem Satz, lesen sie in der Klasse vor und begründen, welches Satzzeichen sie gesetzt haben.

Erarbeitung

L: *Um das Gemeinsame der Religionen geht es in der heutigen Stunde. Es soll zunächst einmal ein berühmter Hindu zu Worte kommen ...*

SuS lesen Sb S.192.

L: *Erkläre, was Mahatma Gandhi mit seinem Zitat zum Ausdruck bringen möchte. (A1)*

SuS erklären das Zitat mit eigenen Worten.

L hilft bei Übersetzung und Worterklärungen.

L: *Betrachte das Bild mit den Symbolen der Religionen in den Köpfen. Erörtert, ob Religion nur „Kopfsache" ist. (vgl. A2)*

SuS diskutieren die Frage im Unterrichtsgespräch.

Vertiefung

L: *Alle Religionen besitzen ihre Wahrheit. Zu dieser Einsicht kommt auch die katholische Kirche in einem Text, der schon fast 60 Jahre alt und heute wichtiger denn je ist.*

SuS lesen Sb S.193 zunächst gemeinsam und bearbeiten das AB „Alle Religionen sind wahr!?" (KV 41) (vgl. A1 und A2) anschließend in PA. Ergebnissicherung im Plenum.

Transfer

L: *In diesen beiden Texten – bei Gandhi und Nostra aetate – wird das Bemühen um ein friedliches Miteinander der Religionen deutlich.*

L: *Erörtert in der Gruppe, inwiefern diese Haltung, die in den Texten zum Ausdruck kommt, dabei helfen kann, Toleranz und Gewaltfreiheit zwischen den Religionen zu fördern. Überlegt dabei auch, welche Verantwortung den Weltreligionen im Hinblick auf ein friedliches Zusammenleben zukommt. (A3)*

SuS gehen in Kleingruppen zusammen und würdigen die Bedeutung dieser Texte.

Was ist der Sinn des Lebens? Meine Antworten

1 Finde auf die sieben Sinnfragen persönliche Antworten und trage sie in die Tabelle ein.

Sinnfrage	Meine persönliche Antwort
Wo komme ich her?	
Wo gehe ich hin?	
Was kommt nach dem Tod?	
Ist mit dem Tod alles aus oder werden wir wiedergeboren?	
Welchen Sinn hat mein Leben?	
Was bringt mir Religion?	
Wird in allen Religionen eigentlich der gleiche Gott verehrt?	

Autor: Johannes Michalski
Abbildungsverzeichnis: toonpool.com, Berlin (Jan Tomaschoff)

Pilgerorte im Hinduismus

1 Scanne mit deinem Smartphone die QR-Codes. Du gelangst zu Lexikonartikeln, mit denen du das Arbeitsblatt ausfüllen kannst.

Der Ganges

Wie lang ist der Ganges?

_____

Wie entstand der Ganges einer Legende nach?

_____

_____

_____

Wie nennen Hindus den Ganges?

_____

Warum gehen viele Hindus in den Ganges hinein?

_____

_____

_____

Benares

Ergänze folgenden Satz: Jeder Hindu sollte mindestens einmal in seinem Leben

_____

Warum wird der Gott Shiva hier besonders verehrt?

_____

_____

_____

Warum kommen viele Hindus zum Sterben nach Benares?

_____

_____

_____

Weitere Pilgerorte am Ganges

Die sieben wichtigsten Pilgerorte am Ganges sind:

_____

_____

_____

Klett

Pilgerorte im Hinduismus – Lösung

1 Scanne mit deinem Smartphone die QR-Codes. Du gelangst zu Lexikonartikeln, mit denen du das Arbeitsblatt ausfüllen kannst.

Der Ganges

Wie lang ist der Ganges?

2700 km

Wie entstand der Ganges einer Legende nach?

Nach einer langen Trockenheit stürzte der Ganges vom Himalaya vom Himmel herab. Der Gott

Shiva fing das Wasser mit seinen Haaren auf und lenkte es in einen ruhigen Flusslauf. Damit

rettete er die Menschen vor dem Ertrinken und gleichzeitig vor dem Verdursten.

Wie nennen Hindus den Ganges?

„Mutter Ganga"

Warum gehen viele Hindus in den Ganges hinein?

Sie steigen hinein, singen und beten, gießen sich Flusswasser über den Kopf. Damit

sich von ihren Sünden reinigen.

Benares

Ergänze folgenden Satz: Jeder Hindu sollte mindestens einmal in seinem Leben

in Benares gewesen sein, dem heiligsten Ort der Hindus.

Warum wird der Gott Shiva hier besonders verehrt?

Hier soll der Gott Shiva erschienen sein, der Gott der Gegensätze, er ist gleichzeitig der Gott

des Lebens und der Vernichtung. Er beschützt die Stadt, dort steht auch einer der wichtigsten

Tempel.

Warum kommen viele Hindus zum Sterben nach Benares?

Die Toten werden auf einem Scheiterhaufen verbrannt, ihre Asche dann im Ganges zerstreut.

Durch dieses Ritual sollen die Seelen von dieser Welt befreit werden.

Weitere Pilgerorte am Ganges

Die sieben wichtigsten Pilgerorte am Ganges sind:

Mathura, Dvarka, Ujjain, Ayodhya, Benares, Haridwar und Kanchipuram

Die Eigenschaften der Götter des Hinduismus – auch Eigenschaften des Gottes der Christen?

1 Du siehst hier Eigenschaften der hinduistischen Gottheiten Brahma, Vishnu, Shiva, Krishna und Ganesha (vgl. Sb S. 176).
Finde biblische Erzählungen, in denen sich der Gott des Alten und Neuen Testaments in ebendiesen Eigenschaften zeigt. Schreibe sie stichpunktartig an die Kästchen.

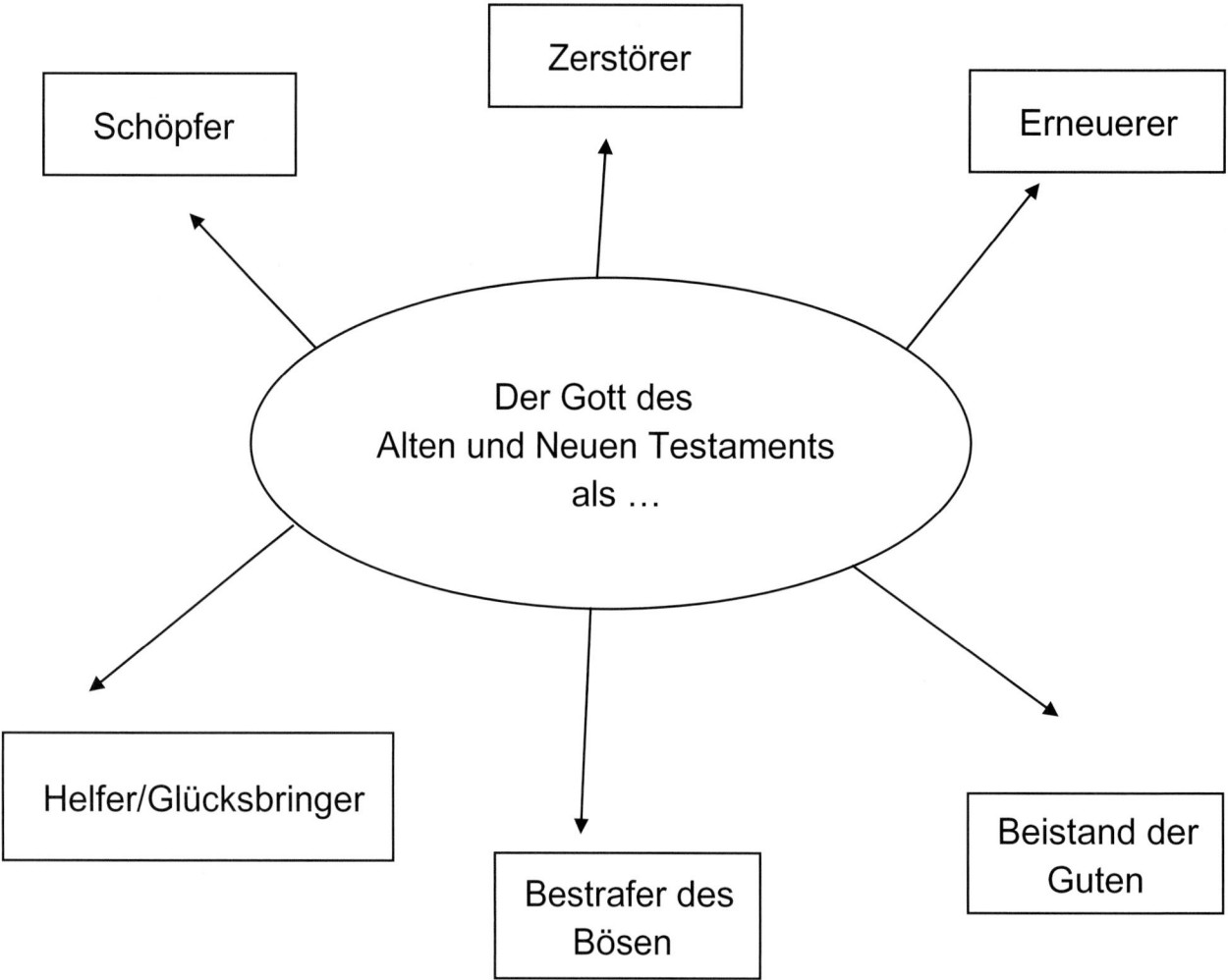

Die Geschichte vom armen Lazarus – und Karma?

Lukas 16,19–31

[19] Es war einmal ein reicher Mann, der sich in Purpur und feines Leinen kleidete und Tag für Tag glanzvolle Feste feierte.

[20] Vor der Tür des Reichen aber lag ein armer Mann namens Lazarus, dessen Leib voller Geschwüre war. [21] Er hätte gern seinen Hunger mit dem gestillt, was vom Tisch des Reichen herunterfiel. Stattdessen kamen die Hunde und leckten an seinen Geschwüren.

[22] Es geschah aber: Der Arme starb und wurde von den Engeln in Abrahams Schoß getragen. Auch der Reiche starb und wurde begraben. [23] In der Unterwelt, wo er qualvolle Schmerzen litt, blickte er auf und sah von weitem Abraham und Lazarus in seinem Schoß. [24] Da rief er: Vater Abraham, hab Erbarmen mit mir und schick Lazarus; er soll die Spitze seines Fingers ins Wasser tauchen und mir die Zunge kühlen, denn ich leide große Qual in diesem Feuer.

[25] Abraham erwiderte: Mein Kind, erinnere dich daran, dass du schon zu Lebzeiten deine Wohltaten erhalten hast, Lazarus dagegen nur Schlechtes. Jetzt wird er hier getröstet, du aber leidest große Qual.

[26] Außerdem ist zwischen uns und euch ein tiefer, unüberwindlicher Abgrund, sodass niemand von hier zu euch oder von dort zu uns kommen kann, selbst wenn er wollte.

[27] Da sagte der Reiche: Dann bitte ich dich, Vater, schick ihn in das Haus meines Vaters! [28] Denn ich habe noch fünf Brüder. Er soll sie warnen, damit nicht auch sie an diesen Ort der Qual kommen.

[29] Abraham aber sagte: Sie haben Mose und die Propheten, auf die sollen sie hören. [30] Er erwiderte: Nein, Vater Abraham, aber wenn einer von den Toten zu ihnen kommt, werden sie umkehren. [31] Darauf sagte Abraham zu ihm: Wenn sie auf Mose und die Propheten nicht hören, werden sie sich auch nicht überzeugen lassen, wenn einer von den Toten aufersteht.

1 Vergleiche den Karma-Gedanken mit der Geschichte vom armen Lazarus.

_____

_____

_____

2 Erkläre in diesem Zusammenhang die Vorstellung eines barmherzigen Gottes.

_____

_____

_____

3 Erörtert in der Gruppe, ob es im Christentum ähnliche Vorstellungen wie ein Karma gibt.

_____

_____

_____

Autor: Johannes Michalski
Textquelle: Die Bibel. Einheitsübersetzung der Heiligen Schrift, vollständig durchgesehene und überarbeitete Ausgabe © 2016 Katholische Bibelanstalt, Stuttgart

Erlösungswege – im Hinduismus und Christentum

1 Ergänze die Lücken mithilfe deines Buches.

Der Weg der Erkenntnis	Der Weg der Hingabe	Der Weg des Handelns
Der Weg der Erkenntnis ist ein Weg von _____ und _____ d. h. von einem Leben, das frei wird von _____ und _____. Erkennt man dadurch, dass Atman und Brahman identisch sind, hat man die Erlösung erreicht. Diesen Weg kann man nur von einem _____ und mithilfe der _____ _____ erlernen.	Der Weg der Hingabe ist vielleicht der einfachste Weg, um die Einheit von _____ und _____ zu erfahren. Dazu suchen sich Hindus einen oder auch mehrere Göttinnen und Götter aus, die sie durch _____ und _____ beständig verehren. Für diesen Weg braucht man weder Gurus noch Priester.	Beim Weg des Handelns wird der Kreislauf der Wiedergeburten durch das _____ _____ durchbrochen. Dazu zählen zum Beispiel: • _____ • _____ • _____

Erlöstsein der Christen ermöglicht Gottesbeziehung durch

Der Weg der Erkenntnis	Der Weg der Hingabe	Der Weg des Handelns

2 Wie äußern sich in den christlichen Praktiken die Wege der Erkenntnis, der Hingabe und des Handelns? Finde Beispiele und trage sie in die Tabelle ein.

Autor: Johannes Michalski
Abbildungsverzeichnis: 1. stock.adobe.com, Dublin (Prashant ZI); 2. stock.adobe.com, Dublin (AUFORT Jérome); 3. stock.adobe.com, Dublin (JeremyRichards)

Erlösungswege – im Hinduismus und Christentum – Lösung

1 Ergänze die Lücken mithilfe deines Buches.

Der Weg der Erkenntnis	Der Weg der Hingabe	Der Weg des Handelns
Der Weg der Erkenntnis ist ein Weg von __Meditation__ und __Askese__, d. h. von einem Leben, das frei wird von __Begierden__ und __Besitzstreben__. Erkennt man dadurch, dass Atman und Brahman identisch sind, hat man die Erlösung erreicht. Diesen Weg kann man nur von einem __Guru__ und mithilfe der __Heiligen Schriften__ erlernen.	Der Weg der Hingabe ist vielleicht der einfachste Weg, um die Einheit von __Atman__ und __Brahman__ zu erfahren. Dazu suchen sich Hindus einen oder auch mehrere Göttinnen und Götter aus, die sie durch __Gebete__ und __liebevolle Hingabe__ beständig verehren. Für diesen Weg braucht man weder Gurus noch Priester.	Beim Weg des Handelns wird der Kreislauf der Wiedergeburten durch das __Tun guter Werke__ durchbrochen. Dazu zählen zum Beispiel: • __Gebete__ • __Opfergaben__ • __Pilgerfahrten__

Erlöstsein der Christen ermöglicht Gottesbeziehung durch

Der Weg der Erkenntnis	Der Weg der Hingabe	Der Weg des Handelns
z. B. Lesen der Heiligen Schrift, Betrachten der Schöpfung	z. B. Gebet, Meditation	z. B. Nächstenliebe, Caritas

2 Wie äußern sich in den christlichen Praktiken die Wege der Erkenntnis, der Hingabe und des Handelns? Finde Beispiele und trage sie in die Tabelle ein.

Autor: Johannes Michalski
Abbildungsverzeichnis: 1. stock.adobe.com, Dublin (Prashant ZI); 2. stock.adobe.com, Dublin (AUFORT Jérome); 3. stock.adobe.com, Dublin (JeremyRichards)

Rollenkarten „Die Abschlussfeier"

Ihr plant nach euren Abschlussprüfungen eine Feier. Die Aufgaben werden auf fünf verschiedene Schülergruppen verteilt.

Rollenkarte 1

Unsere Gruppe entscheidet allein, wie die Abschlussfeier aussehen wird. Wir wählen die Location, wir legen fest, welche Gäste kommen dürfen, wir bestimmen den Dresscode und die Band. Mehr haben wir nicht zu tun.

Rollenkarte 2

Unsere Gruppe entscheidet über die Musik und das Essen an diesem Tag. Wir bestimmen, was die Band spielt und legen fest, welche Speisen es geben soll. Vorbereiten müssen wir ansonsten aber nichts.

Rollenkarte 3

Unsere Gruppe bereitet alle Speisen vor. Wir sorgen dafür, dass alle Speisen, die unsere Mitschüler zuvor ausgewählt haben, am Ende am Buffet stehen. Dafür müssen wir ein bisschen was vorbereiten.

Rollenkarte 4

Unsere Gruppe muss alles komplett aufbauen: die Bühne, Tische, Stühle, die gesamte Technik und Beleuchtung. Wir müssen uns um den Strom und die Dekoration kümmern, die Tische eindecken, Tischkärtchen basteln und Geschirr bereitstellen.

Rollenkarte 5

Unsere Gruppe ist am Ende allein dafür verantwortlich, dass alles sauber ist. Wir müssen nicht nur alles im Saal reinigen, sondern auch das Geschirr. Wir müssen den Dreck des Abends aufräumen, Müll und alle Abfälle einsammeln, den Boden wischen und auch die Toiletten sauber machen.

Autor: Johannes Michalski

Kastenwesen in Deutschland?

1 Der Journalist Günter Wallraff sagt, dass Deutschland inzwischen auch ein Kastensystem (z. B. in Bezug auf Bildungschancen, berufliche Stellung oder sozialen Umgang) habe.

Erörtere, ob er mit seiner Aussage Recht hat, und überlege, welche „Kasten" du in unserer Gesellschaft vermutest. Trage diese in die Pyramide ein.

2 Diskutiert, inwiefern Religionen hier gegensteuern können.

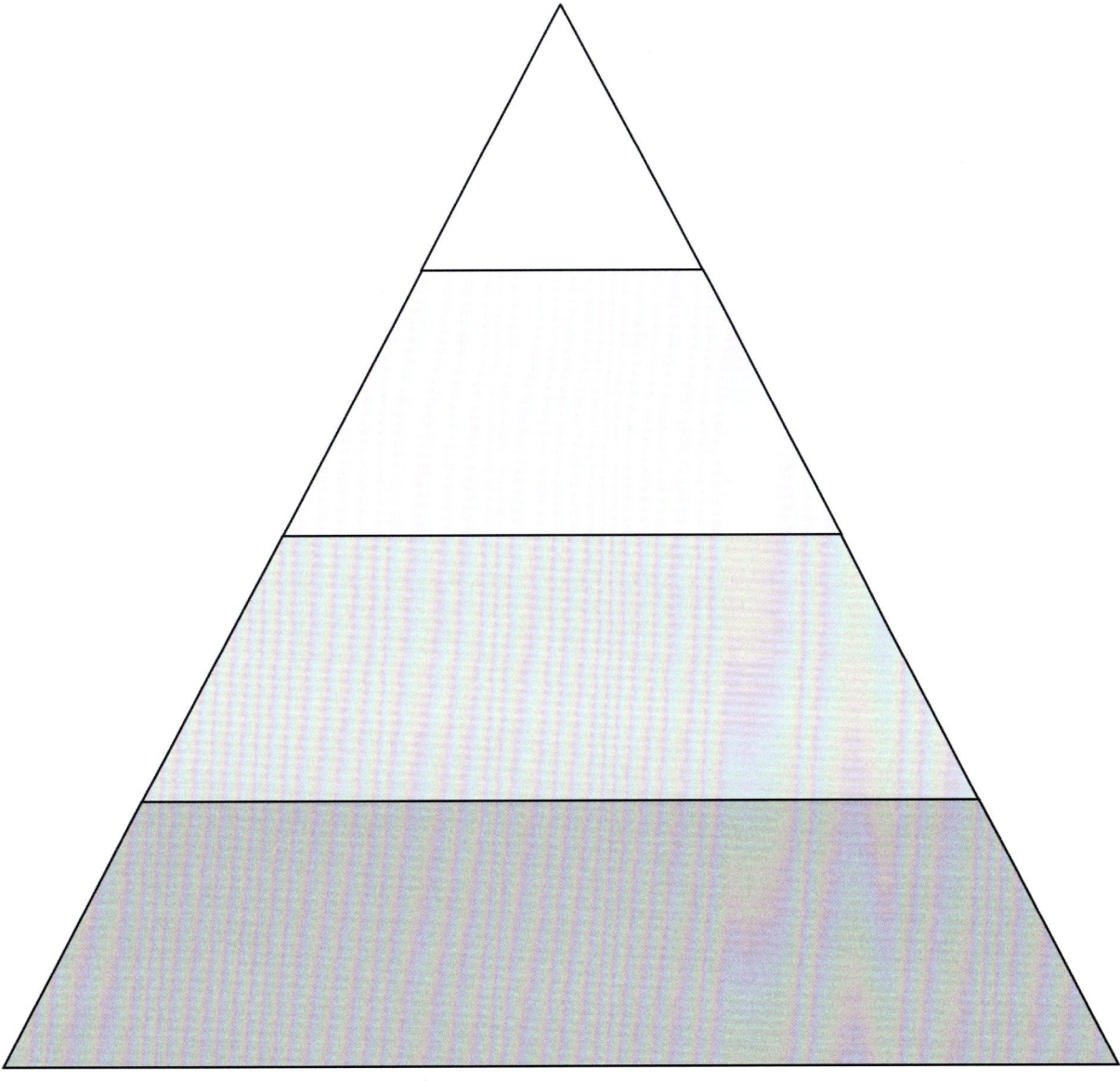

Fragebogen

1 Kreuze an, was du von einer Gruppe erwartest. Du hast eine Skala von 1 bis 5.

1 steht für „nicht so wichtig", 5 steht für „sehr wichtig"

Was erwartest du dir von einer Gruppe?	1	2	3	4	5
Freunde und Freundinnen finden					
akzeptiert werden					
reden können					
dass man mir zuhört					
Hilfe und Unterstützung					
gebraucht werden					
Halt in Krisensituationen					
dass man nett zu mir ist					
Spaß haben					
eine Heimat haben					
Antwort auf die Sinnfragen					
nicht im Stich gelassen werden					
dazugehören					
Unterstützung bei Problemen					
Selbstbewusstsein steigern					
ermutigt werden					
starken Zusammenhalt					
Sicherheit					

Annonce

Wir suchen dich!

Bist du vergeblich auf der Suche nach Anerkennung, Liebe, Glück, persönlichem und beruflichem Erfolg, sicheren Antworten, Gesundheit, Erkenntnis und Erlösung?

Dann bist du bei uns genau richtig. Mach bei uns mit – das ist dein Weg, dies alles zu erreichen! Denk nicht lange nach! Komm und steig bei uns ein!

Lerne unsere Ansichten über das Leben kennen – du wirst sehen: alles ist verblüffend einfach! Wir besitzen die alleinige Wahrheit, alles andere sind Fake News!

Wir sind die neue Elite, alle anderen Menschen sind krank und verloren und gehorchen dem System. Wir wollen uns ganz bewusst von anderen abgrenzen.

Wir vertrauen dabei unserem Meister, der allein im Besitz der Wahrheit ist. Wir leisten seinen Anweisungen folge – egal, was er verlangt.

Was du bei uns tun musst? Wir verlangen vollen Einsatz von dir. Stelle deine eigenen Interessen zurück. Es geht um unsere Sache.
Brich deine übrigen Beziehungen zu Freunden oder Familienmitgliedern ab – sie hindern dich nur in deiner Entwicklung. Außerdem brauchst du die Zeit: du wirst nämlich viele Kurse und Vorträge besuchen müssen.

Denn merke dir: wenn sich der Erfolg bei dir nicht einstellt, bist du selbst daran schuld. Dann hast du dich nicht stark genug bemüht.

Komm – mach mit!

1 Unterstreiche alle Aussagen, die bei dir Misstrauen hervorrufen.
Begründe anschließend, was genau dich misstrauisch macht.

Alle Religionen sind wahr!?

Von den ältesten Zeiten bis zu unseren Tagen findet sich bei den verschiedenen Völkern eine gewisse Wahrnehmung jener verborgenen Macht, die dem Lauf der Welt und den Ereignissen des menschlichen Lebens gegenwärtig ist, und nicht selten findet sich auch die Anerkenntnis einer höchsten Gottheit oder sogar eines Vaters. Diese Wahrnehmung und Anerkenntnis durchtränkt ihr Leben mit einem tiefen religiösen Sinn.

Im Zusammenhang mit dem Fortschreiten der Kultur suchen die Religionen mit genaueren Begriffen und in einer mehr durchgebildeten Sprache Antwort auf die gleichen Fragen. So erforschen im Hinduismus die Menschen das göttliche Geheimnis und bringen es in einem unerschöpflichen Reichtum von Mythen und in tiefdringenden philosophischen Versuchen zum Ausdruck und suchen durch aszetische Lebensformen oder tiefe Meditation oder liebend-vertrauende Zuflucht zu Gott Befreiung von der Enge und Beschränktheit unserer Lage. […] So sind auch die übrigen in der ganzen Welt verbreiteten Religionen bemüht, der Unruhe des menschlichen Herzens auf verschiedene Weise zu begegnen, indem sie Wege weisen: Lehren und Lebensregeln sowie auch heilige Riten.

Die katholische Kirche lehnt nichts von alledem ab, was in diesen Religionen wahr und heilig ist. Mit aufrichtigem Ernst betrachtet sie jene Handlungs- und Lebensweisen, jene Vorschriften und Lehren, die zwar in manchem von dem abweichen, was sie selber für wahr hält und lehrt, doch nicht selten einen Strahl jener Wahrheit erkennen lassen, die alle Menschen erleuchtet.

Unablässig aber verkündet sie und muss sie verkündigen Christus, der ist „der Weg, die Wahrheit und das Leben" (Joh 14,6), in dem die Menschen die Fülle des religiösen Lebens finden, in dem Gott alles mit sich versöhnt hat.

1 Gliedere den Text der Erklärung „Nostra aetate" in Abschnitte und fasse die wichtigsten Aussagen in eigenen Worten rechts neben dem Text zusammen.

2 Vergleiche diese Grundsätze mit der Aussage Gandhis über die Religionen. Unterstreiche im Text oben Gemeinsamkeiten mit grün und Unterschiede mit rot.

Autor: Johannes Michalski
Textquelle: RKLÄRUNG NOSTRA AETATE ÜBER DAS VERHÄLTNIS DER KIRCHE ZU DEN NICHTCHRISTLICHEN RELIGIONEN. (28.10.1965) Unter: https://www.vatican.va/archive/hist_councils/ii_vatican_council/documents/vat-ii_decl_19651028_nostra-aetate_ge.html (Zugriff 14.06.2021, gek.)